浙江省新商科实践基地项目资源
智能会计系列·新形态教材

云会计与智能财务共享

陈建宇 主 编

浙江工商大學出版社
ZHEJIANG GONGSHANG UNIVERSITY PRESS
·杭州·

图书在版编目（CIP）数据

云会计与智能财务共享 / 陈建宇主编. — 杭州：
浙江工商大学出版社，2023.5（2025.8重印）

ISBN 978-7-5178-5192-9

Ⅰ. ①云… Ⅱ. ①陈… Ⅲ. ①财务管理—管理信息系
统—研究 Ⅳ. ①F275－39

中国版本图书馆 CIP 数据核字（2022）第 212263 号

云会计与智能财务共享

YUNKUAIJI YU ZHINENG CAIWU GONGXIANG

陈建宇 主 编

责任编辑	黄拉拉
责任校对	李远东
封面设计	浙信文化
责任印制	屈 皓
出版发行	浙江工商大学出版社
	（杭州市教工路 198 号 邮政编码 310012）
	（E-mail:zjgsupress@163.com）
	（网址:http://www.zjgsupress.com）
	电话:0571－88904980,88831806（传真）
排 版	杭州朝曦图文设计有限公司
印 刷	杭州高腾印务有限公司
开 本	710 mm×1000 mm 1/16
印 张	14.5
字 数	214 千
版 印 次	2023 年 5 月第 1 版 2025 年 8 月第 2 次印刷
书 号	ISBN 978-7-5178-5192-9
定 价	39.00 元

前　言

本书以集团制造业企业的日常经营活动为原型进行仿真虚拟案例设计,用基于智能财务共享的业财融合活动案例贯穿始终,重点讲解在云会计与智能财务共享信息化环境下,制造业供应链和财务链的业财一体化典型案例,以及在用友云会计技术服务系统(以下简称"NCC系统")中的处理方法和流程新变化,涉及总账共享、应收共享、应付共享、采购共享业务、销售共享业务、库存业务、资金结算共享、固定资产共享、费用共享、财资共享、绩效与稽核等11个功能模块。

NCC系统体现了云会计与财务共享管理流程新思想,在进行各项案例任务的业财融合处理时,会涉及多个NCC模块和多项功能命令的使用,并且融入企业招聘活动、岗位分工活动、共享服务沟通活动,因此本书模拟了新时代商业社会环境中企业的经营管理工作,对业务环境进行虚拟设计,将虚拟业务放在财务共享系统中应用实训操作后,再进一步引入案例剖析阅读。在财务共享实施的真实案例中,基于课程思政"真善美"视角,指出各个案例企业实施财务共享后实现的"真善美":"真"是指通过云会计与智能财务共享技术避免假账、错账,"善"是指提高员工工作效率,增强员工工作满意度和幸福感,"美"是指实现账务处理及列报标准化、统一化,员工远程沟通系统化、简明化,最终实现为我国"一带一路"合作倡议培养优秀会计人才的教育教学目标。

本书按照虚拟仿真企业鸿途集团的各业务场景的顺序录制了全部业务流程的微视频,以帮助教师与学员实现随时随地碎片化学习。学生可在目前流行的B站及超星学习通上自主选择或搜索相关知识点进行学习,也可以参加线下教师组织的课程进行分组学习。教师可基于本书的在线视频课进行线上开课与学习管理等。

本书由8章组成,划分为三大部分。第一部分包括第1章,主要内容是财务共享中心概述与建设,以及共享环节岗位分派;第二部分包括第2—7章,侧重业财融合,主要讲解费用共享、采购共享、销售业务、固定资产管理共享、资金结算共享与财资管理;第三部分包括第8章,阐述对前述业务涉及岗位的绩效考核与稽核,以及对前述所有章节的实验加以总结报告。本教材图1-4中所提及的企业信息,表1-2中所提及的人名和身份信息,每章虚拟业务场景中所提及的企业信息、业务商品信息、交易信息等皆为虚构,如有雷同,实属巧合。

本书的写作模式是将每章分为3个部分:第一部分是共享业务相关理论知识介绍与实训案例简介,第二部分是虚拟案例实训操作,第三部分是真实企业案例的"真善美"视角解读。

本书中的项目实训业务操作任务,均可由组长重新进行岗位分工,包括系统管理员、总账主管、销售员、销售经理、采购员、采购经理、仓管员、质检员、业务财务、财务经理、总经理、运营主管等10多个岗位。

总之,本书突出"支持在线碎片学习,虚拟场景实训感性认知,从真善美视角解读案例,为'一带一路'倡议培养会计领军人才"的理念,将我国高等教育目前主推的"线上学习""实践""课程思政"三方面目标融入书中,注重提高读者的理论才能、技术才能与思想素质,完全体现了新形态教材的特点。

本书与同类其他图书相比,具有以下显著特点:

1.实用

笔者在深入研究我国集团企业业财融合、财务共享实施现状的基础上,根据教育部教学标准,按照协同育人目标,完成本书写作,能与实际接轨。本书以某集团企业一个月的典型财务共享业务为主要实训内容,进行按岗位和任务的讲解,便于读者岗前实训。

2.内容丰富

本书融合了前沿理论知识、标准实训应用操作与经典案例解读,方便读者全方位地了解财务共享的应用与实施。

　　3.教学、考证与竞赛相结合

　　本书实训内容可支持学员参与用友公司旗下教育机构组织的财务共享沙盘模拟竞赛(该竞赛目前为全国性的竞赛),同时本书契合目前教育部"1＋X"考证中的财务数字化初级与中级证书。总之,在实现本科、高职等人才培养教学目标的同时,还能帮助学员顺利参加国家级学生竞赛与考证,这是本书一大亮点。

　　本书由浙江工商大学杭州商学院陈建宇老师主编,参编人员还包括吴晖教授、吴晓涵副教授、王宇宁老师、杨洁老师、郑晓婧老师、王嘉会老师。特别感谢浙江工商大学杭州商学院古家军院长对本教材编写工作的支持与鼓励! 视频由陈建宇老师独立完成录制与剪辑并上传 B 站及超星学习通,全书最后由陈建宇老师统稿,由吴晖教授审定。

　　本书内容比较前沿,难免会有不足及错误之处,欢迎读者来信探讨并指正。

　　致购书者的重要提醒:本书实训都是基于用友 NC CLOUD 云会计系统及用友新道财务共享教学系统开展财务共享中心实训操作的。未具备该实训教学系统的学校,需联系用友网络集团旗下教育机构——用友新道股份有限公司,合作开展以下所有章节的实训活动。

目 录

1 财务共享中心概述与建设

1.1 财务共享中心概述

1.1.1 核心概念

1.1.1.1 云会计与财务共享中心定义

现代社会,人类利用云计算和大数据实现的最大的便利就是共享服务。共享服务是建立在互联网科技基础之上的一种创新管理模式。共享服务所使用的是创新管理理念和创新组织架构的结合,这就是共享服务的前提。1986 年,通用电气成立了客户业务服务组织,这就是共享服务的早期模型。早期共享服务包括以客户为中心进行服务收费,是一种商业经营模式。因此,在学习财务共享之前,应该先明确共享服务的概念。大体上来讲,共享服务就是将一个单位或者一个社会群体中相似的经营活动或经济资源放在同一个平台上来完成经营管理,目的是提高效率,创造更多的价值,节约成本。尤其是对于集团公司而言,共享服务意味着可以提供更多的标准化服务给自己的内部客户或外部客户,而且可以提高审批处理速度。共享服务的精髓也可以从政府公共单车等话题中去进一步挖掘。

除了共享服务以外,还有一个非常重要的概念是云会计服务。云会计服务是指基于云计算技术的会计信息化账务处理方法,把企业会计服务提升至云端,克服了空间与时间的限制,实现了报账、核算、记账、分析的快速与便捷。因此，简单来讲，云会计就是云计算、会计信息化和会计服务这三者的深度融合。

财务共享服务是指云会计与新的商业模式的结合。财务共享服务是基于云会计技术服务基础之上的，将过去的会计账务处理流程和业务处理流程进行流程再造。这种模式将过去分散在集团和各个分（子）公司的同质化、重复性和易于标准化的财务工作剥离出来交给财务共享中心集中处理。因此，简单地说：财务共享服务就是云会计、共享模式及业财融合三者的结合，同时也是财务数字化的核心内容；财务共享服务涵盖了业财一体化、共享服务、财务机器人、财务大数据等业务与决策技术。

在实现共享之前，集团及各个分（子）公司拥有自己的财务部门，并各自进行独立的会计核算、费用报销、资金结算和编制报表，这样就使得业务的处理方式非常烦琐、处理内容非常分散，总部难以及时快速地了解集团资金及资产的信息。实现财务共享以后，财务共享中心包揽了集团及各个分（子）公司的会计核算、费用报销、资金结算、报表生成等工作，使集团总部可以实时了解资金与资产的具体情况。

因此，财务共享的实质就是依托云会计技术和业财融合，将集团组织结构按需优化之后，使得整个企业的会计工作流程更加规范，强化集团管控效果，降低企业管理成本，最终创造更高的服务价值。财务共享能将不同地理位置、不同单位、同一时间范围内的会计账务放到同一个共享平台上来进行统一的会计核算、会计报账和财务报告编制，最终保证会计信息和报告的标准化及结构统一化。

财务共享是一种服务，也是财务数字化的核心体现。财务共享模式下的具体做法是企业通过构建成熟的云会计信息系统，将财务数据进行采集、处理和应用。财务数据的采集是通过云会计系统来实现的，原数据的质量也归属采集业务发生部门。因此，分（子）公司和集团总部通常会设立业务财务来收集原数据。财务数据处理是指财务共享中心将记账审核，以及定期自动生成报告给总部或者相关部门作为决策依据，故财务共享中心必须对这些数据质量负责。财务数据的应用就是指后期财务管理岗位在财务决策分析过程中直接调用各类财务共享服务中心的数据并加以分析形成结论。这一部分也称为大数据财务。大数据财务是指最终为企业高层提供决策依据与高附加值的管理活动。

　　财务共享服务中心的客户包括集团内各个分(子)公司的各个部门,以及集团总部的各部门,提供的服务内容包括财务核算、报销、资金支付等。对于集团总部财务部而言,共享服务中心要帮助总部进行运算处理、财务报表分析、风险管控、固定资产管理、财资管理等,同时,财务共享中心也要接受总部财务部门的指导和风险管控。对于分(子)公司财务部门来说,财务共享服务中心必须接受分(子)公司按规定扫描的原始单据(原始单据要与影像相匹配),并审核单据的真实性、完整性和合规性。分(子)公司财务部负责原始单据的保管。对于业务部门而言,其要向财务共享服务中心提供真实、合规、完整的单据,而且要在规定时间内上传,最终还要审核业务的真实性和合规性。因此,目前财务共享服务中心在大多数集团企业中已经成为财务服务的平台,是各个分(子)公司和集团总部的会计业务的运作中心、财务管理中心和服务中心。

　　实施了财务共享服务的企业价值得到了很大的提高,主要涉及 4 个方面:集团管控力度、财务业务标准规范、资源共享和降本增效。从集团管控力角度来看,财务共享服务使得业务过程变得更加透明,业财一体化融合得更好,有助于线上监督业务与财务的状况,从而使得集团对分散营业网点的管控力增强。从标准规范化的角度来看,财务共享服务使得业务处理与财务处理的标准更加统一,口径保持一致,流程也得到了优化,更有效地执行财务政策,最终有效降低会计水平良莠不齐带来的风险。从资源共享的角度来看,财务共享服务能够实现核算与结算的功效,数据分析中心也从以存为主转变为以用为主。从降本增效的角度来看,财务共享服务实现了标准和口径的统一,减少了重复工作的岗位,有利于降低人力成本,同时专业化能够提升效率。

1.1.1.2　实施财务共享的价值

　　财务共享中心的首要价值是从财务会计的角度使企业职责变得更加清晰,流程管理变得更为规范,并且对企业的资金流实现有效的管控。集团进行有效管控,就可以为决策层提供更多的决策支持,便于企业制订财务战略、规划、财务制度和各项规定,也能够帮助企业在投融资时进行及时有效的风险管控、税务筹划和绩效管理;会计业务的处理变得更加有效率,财务信息管理更为方便,总账、关账和财务报表更新得更为及时,内部会计稽查能够随时进行,会计档案的保存在云技术的支持下存储空间发生了变化,档案调取时间也更迅速。财务共享能为各个业务单元提供更多的经营决策支持,帮助企业在业务经营过程中管控风险,也就是事中控制;也能够使业务单元计划、预算和预测得到合理支持,也就是事前控制;还能使业务单元的投资成本费用分析,盈利性分析以及其他方面的财务分析,得到大数据支持,也就是事后分析。

　　财务共享中心的次要价值是帮助企业适应国际国内形势的变化,实现数字化转型,为决策层提供更多的数据支持。财务共享中心是管理会计的前沿与核心内容,帮助企业实现财务管控。首先,基于数据基础,大数据共享中心为财务共享中心提供了很多的技术帮助,包括数据仓库、数据挖掘 5A 级别的云服务,以及提供实施智能共享的财务信息。从管理基础的角度来说,财务共享中心使得流程设计中的制度实现真正的标准化,它们是将流程制度镶嵌在流程设计中控制和实现的,这一点可以在后期的实训中深切感受。财务共享中心的组织基础在于使财务职能岗位彻底分离,将交易处理团队分散到各个分(子)公司或者业务单位将管控团队转移、提升到财务共享中心,从而为决策提供进一步的支持。

1.1.1.3　财务共享的背景

　　财务共享产生于集团化经营面临的各种困境及新兴技术如大数据分析等所引发的新的内因和外因,内因和外因促使集团的财务管控面临新的挑战和变化。集团财务数字化转型的内部原因主要是各项管理成本的不断增加。具体而言,每分设一个分(子)公司,就需要设立一套财务部、人力资源部等职能机构,这导致公司的成本越来越高,对公司的发展造成影响。另外,管控标准因地区的不同而难以统一,因此需要一套统一的标准和规范来协调。集团总部的知情权也因地域区别而受到挑战,集团总部希望快速知道分(子)公司的财务状况和经营绩效,股东才能够正确预测投资结果。因此,从知情权这个内因角度来看,财务共享数字化变革已经迫在眉睫。基于成本、管控、知情权和风险 4 个方面的考虑,财务共享服务的管理模式越来越受到集团企业甚至国有企业的青睐。

　　全球各个跨国集团都不断争相采用财务共享中心模式,这是集团财务管控数字化变革的外因,主要源于新技术发展带来的经济全球化、企业全球化和管理思维模式的转变。

1.1.1.4 财务共享中心的模式分类

财务共享中心需要合适的地理位置及招聘合适的人员,因此,建设一个财务共享中心所耗费的人力、物力是比较大的。不同企业根据自身的管理基础、业务重点和行业特点及风险偏好等来建设不同模式的财务共享中心。财务共享中心模式主要有以下几种:

多中心模式是指企业拥有多套作业系统,多个财务共享中心之间不存在关联和协作关系。这种多中心模式适用于管控力度比较弱、地域分布广、业务独立性强、集中难度也比较大的集团,典型的例子如中国铝业、中国移动、IBM 等。这种模式专为有多个子集团的超大型集团设计,集团和子集团间是战略管控或财务管控的关系。若按照行政区域进行管理,则各个子集团的业务差异非常大,因此必须按照业务线进行管理。

单中心模式是指企业可能使用一套作业系统和一个财务共享中心。单中心模式根据内部组织的不同又分为 2 种:一种是先业务后业态,另一种是先业态后业务。先业务后业态的单中心模式,适用于管控力度比较强、分布比较广、业务独立性较弱,但是主业非常明显的企业,如中国国旅、陕西移动等。而中兴通讯和北控水务是先业态后业务的单中心模式的代表,是多业态平行发展的。单中心模式的集团体量规模比多中心模式的小,但管控力度比较强,以单一集团较为常见。

专业化中心模式是指在多中心模式或单中心模式下,设一个专业化分中心。其典型企业有运通公司和海尔集团。这种模式要求某一类单项业务量特别大,可以按照多中心模式或单中心模式建立财务共享中心,对税务资金等某个业务有独立管理的要求。

灾备中心是一套作业系统或财务系统,允许多个财务共享中心同时作业、同时备份。其典型企业有中国平安。灾备中心的设立是基于资料备份、预防自然灾害的需要,适用于对资料安全要求级别特别高的企业。

联邦模式是指企业只有一套作业系统,但拥有多个共享中心。其典型企业有鞍钢集团和 TCL 集团。在这种模式下,各个中心业务差异比较大,人员集中作业和业务标准统一的难度都非常大。因此,需要多考虑实际情况再建设财务共享中心,联邦模式可能就只是一个过渡方案。

1.1.1.5　财务共享中心的利益相关者

财务共享中心作为企业独立的法人,也有其特定的利益相关者。财务共享中心可以只对内提供财务服务,也可以进行财务外包,即对外提供财务服务以取得收益,因此,财务共享中心有特定的利益相关者。第一类利益相关者是企业的股东,也就是投资者。投资者需要关注财务共享中心的运营效率,以及实施财务共享之后为企业带来的经营绩效。第二类利益相关者是银行等融资机构。财务共享中心负责与银行等金融机构的端口直接相连,为企业实现高效融资,因此企业也关心财务共享中心在与银行融资合作过程中实现的经济效益。第三类利益相关者是政府等公共事业部门。这些部门会关心财务共享中心的宏观经济效益,以及对于法律法规的遵守情况。第四类利益相关者是财务共享中心的客户。与传统企业的客户不同,财务共享中心的客户是企业的各个分(子)公司和业务部门。各个业务单位被视为财务共享中心的内部客户,共享中心通过签订服务级别协议来定义客户的需求,共享中心的收入主要来自为这些业务单元提供服务而获得的收益。投资者、债权人、公共事业部门和往来单位也可以看作财务共享中心的外部客户。

1.1.1.6　企业建立财务共享中心的目标

财务共享中心设立的目标主要包括 5 个方面:降低成本,增加收益,提高效率,增强管控,顺应时代发展。第一,财务共享中心通过运用新技术帮助企业降低资金成本和管理成本。第二,财务共享中心通过降低成本、扩大业务区域、跨国经营等方式增加企业的收益。第三,财务共享中心通过云技术和大数据技术等手段,提高企业运营与管控的效率。第四,财务共享中心通过标准规范化的业务财务处理,增强集团的管控力度。第五,财务共享中心通过财务数字化转型,使得企业发展顺应整个互联网时代的潮流。

综上所述,财务共享中心的建立,更好地实现了把握目前的财务状况、经营业绩,以及预测未来的财务管理目标。

1.1.1.7 财务共享中心的发展趋势

集团财务数字化的新发展,包括数据采集的前端化——轻量端采集、核算处理的自动化——财务机器人、财务档案的无纸化——影像扫描、管理会计职能的服务化——云会计服务,以及会计核算的智能化——人工智能会计。在当今互联网时代,企业必须适应颁布的财务相关政策制度,要求财务及相关部门促进财务数字化转型升级,尽可能地多与政府配合实现电子票据普及使用、电子档案云端保存、电子合同管理会计体系建设及税收收入准则系列政策的调整。

集团财务数字化新趋势主要体现在 5 个方面:全员数字化,自动智能化,多端口接入,社会化商业整合,大数据洞察。全员数字化是指帮助所有员工通过数字化转型更多更快地参与到企业价值创造中来,为员工提供智能、简易的操作应用,提高员工工作的满意度。自动智能化是指使用电子发票、电子档案、光学字符识别(Optical Character Recognition,OCR)等技术重塑企业的流程管理。人工智能等新技术的应用,导致越来越多的人工环节被系统取代。多端口接入是指随时随地接入使用各类移动端设备,从而为财务数据的协同和自动化创造良好条件,也能够充分利用手机的特性或者传统财务无法触及的场景,从而实现效率提升、成本降低。社会化商业整合可以通过网络交易平台与企业财务信息系统实现直接连接、协同共享,使财务流程更加高效透明。通过洞察大数据,打通了企业内外更多的接口,能够直接获取更多的数据,大大提高了财务数据的准确性与实时性。财务转型为企业业务提供各类大数据洞察分析的基础,进而为企业创造更多的价值。

财务数据数字化转型后,企业参与者从以前的财务部门的专业人员变成企业全员甚至社会化人员和产业链的伙伴,企业业务系统从以前的企业内部孤岛业务系统转变成能与外部网络交易平台连接和产业链协同共享的财务生态系统。企业数据从周期性记账业务、数据汇总,变成实时智能记账交易及明细数据记录。管理层面也从面向流程、注重管控转变为以内置规则的交易为核心、弱化管理。财务报告从以前的月度、年度财务报告转变成实时的财务分析和智能财务预测决策。财务职能也从以前的核算职能、价值记录转变成服务质量和价值创造。

1.1.2 财务共享中心黑科技

1.1.2.1 重量端和轻量端

NCC 系统分为重量端和轻量端 2 个端口接入信息化系统。轻量端是指对所有用户开放的端口,这种端口可以对企业内所有员工和部门开放,他们通过网页浏览器或者手机端就能够登录。轻量端的作用在于面向不同客户收集大量信息。因此,轻量端是属于技术端口中的基础数据收集端。这种基础数据端可以帮助企业快速有效地收集企业各部门方方面面的数据,而且使用简单灵活,有各种便捷的模块提供给用户。轻量端的作用与使用方式就类似于人们平时经常用到的 QQ、微信、订票软件或者提交论文、作业的在线学习系统等。而重量端就相对复杂很多,它主要用于后台维护。重量端与轻量端的区别在于:重量端适用于 ERP 维护,而轻量端适用于企业大数据的收集;企业内部产生的数据是通过轻量端进行收集的,企业与外界数据接口的打通也是通过轻量端,而维护人员的工作主要是在重量端进行,例如流程管理与设计,员工档案、客户档案、供应商档案的编辑与存档,等等。简单地说,重量端就是后端,轻量端就是前端。因此,重量端的操作难度比轻量端大,操作精准度和技术含量也相对较高,但重量端的操作与维护人员的数量比轻量端的少。

1.1.2.2 财务共享中心黑科技

在 NCC 系统中,业务工作人员在提交各种单据时采用的是远程提交方式,因此需要进行影像扫描和影像上传,即需要用高速扫描仪将影像清晰扫描之后上传到 NCC 系统生成的相关汇总单据里面,再提交给业务财务及相关审批人员进行单据的审批。NCC 系统中又加入 OCR 文字识别技术,使得人们在报销或者提交原始单据的时候,可以通过该技术在收集移动端直接扫描相关原始单据并将数据自动读取并填入汇总单据内,这就是 OCR 文字识别技术实现的人工智能环节。当然,OCR 文字识别技术及手机报账等都要借助手机移动端。财务流程自动化机器人(Robotic Process Automation,RPA)会根据上传的原始单据与汇总单据上的数据自动生成账务信息,实时、高效地满足客户对多种类型财务报告的需求。

综上所述,轻量端大数据功能、OCR 技术、手机移动端业务财务操作平台、远程影像扫描上传和 RPA 技术这 5 个方面的技术就是云会计与智能财务共享的主要黑科技。

1.1.3 分组及岗位合作

1.1.3.1 组长的产生

组长的产生方式很多,可以竞选产生,也可以推举产生,还可以由教师点名负责。如果时间允许,组长的产生方式最好是竞选产生。参加竞选的学生准备好简单的发言,在网上阅读一些简单的演讲材料即可开始。

1.1.3.2 组长招募组员

首先,教师在教师端开课,开课后按模板导入学生名单。组长产生之后,由教师在教师端的团队管理里面增加组长,增加完毕后由组长提供邀请码给其他学生,被招募的学生在团队组建里面输入邀请码即可加入该组,也可以由组长在团队组建里将招募到的学生按姓名拉入自己组。每组 4 人左右,1 个教学班分组数存在系统并发数限制。岗位分工时,要根据每人的性格特点进行充分沟通后分派任务。

1.1.3.3 组长的职责

首先,组长在每次收到教师派发的任务后,负责将任务通过岗位角色分配的方式分派给组员。在岗位角色分配之前,组长与组员必须进行充分沟通,角色分配好后不能修改。沟通方式是"非暴力沟通"。"非暴力沟通"强调不带抱怨、不带对他人的评价,专注于每个项目的操作流程和具体任务的分配与协作。其次,完成任务分配后,组长要协助教师完成自己组的任务流程操作,积极发现流程操作中存在的卡顿,帮助和指导组员完成流程中的工作衔接与岗位任务,注意全程使用"非暴力沟通"方式。最后,组长要督促组员完成实训作业和实验报告的修改与上交。可以在财务共享物理沙盘或电子沙盘上对岗位分派与流程互动进行讨论和规划。

1.2 财务共享中心规划与建设实训

1.2.1 业务概述与分析

鸿途集团水泥有限公司(以下简称"鸿途集团")是一家以水泥制造为主营业务的工业制造企业,兼营酒店及旅游,因此,鸿途集团在建立财务共享中心时,先选择旗下16家水泥子公司作为服务对象,以达到统一核算标准、统一采购、统一报销等统管目的。鸿途集团信息化建设现状如图1-1所示。

图1-1 鸿途集团信息化建设现状

1.2.2 虚拟业务场景

每组建立财务共享中心,要求:服务对象为16家鸿途集团水泥子公司;工作组包括01费用组、02应收组、03应付组、04档案组、0101费用初审和0102费用复审;作业组用户按照个人岗位添加为组员;提取规则设置为不限制提取、无优先级。业务对应单据的说明和系统预置角色职责分别如表1-1和表1-2所示。

表1-1 业务对应单据的说明

业务	单据类型	单据用途说明
档案综合类业务	供应商申请单	新增供应商申请,审批通过后系统会增加该供应商信息
	供应商银行账号申请单	新增供应商银行账号,以供后续向该供应商支付款项使用

业务	单据类型	单据用途说明
	付款合同	根据合同事项生成记录付款相关信息的合同内容
	收款合同	根据合同事项生成记录收款相关信息的合同内容
付款类业务	付款申请	付款前的申请,一般用于专项款项支付的事前申请
	应付单	一般采购发票到了以后,会形成企业对外部的应付义务,该单据审批通过后一般会生成应付账款的会计分录
	付款单	一般在支付应付款项或预付供应商款项时,使用该单据进行审批
费用类业务	费用申请单	对费用的事前申请,一般用于专项费用的申请,专款专用
	费用预提单	对预提类费用的申请与审批
	主借款单	一般用于员工借款或对公业务借款
	主报销单	一般用于费用报销的填报与审批
结算类业务	划账结算	一般用于同一个单位不同账户之间的转账
	主收款结算单	对于主营业务外的收款业务填报与审批
	主付款结算单	对于主营业务外的付款业务填报与审批
资产类业务	资产变动	固定资产变动事项记录与审批
	资产报废	固定资产报废事项记录与审批
	资产减少	固定资产减少事项填报与审批
	新增资产审批单	固定资产新增事项记录与审批,审批通过后,可根据该单据新增固定资产卡片
销售收款类	应收单	销售商品后,形成企业对外部的应收权利,该单据审批通过后一般会生成应收账款的会计分录
	收款单	一般在收到应收款项或预收客户款项时,使用该单据进行审批
总账类业务	通用凭证单	一般作为总账共享转账类或其他特殊事项的凭证
其他	自定义单据	其他没有枚举的业务单据,可通过该单据进行审批并纳入共享审核

表 1-2 系统预置角色职责

用户编码	用户名称	一级部门	二级部门	角色	职责简要说明
z0＊＊001	张春艳	采购核算处		应付初审岗	审核成本类单据及自动生成会计凭证
z0＊＊002	王希	销售核算处		应收审核岗	审核收入类单据及自动生成记账凭证
z0＊＊003	龚紫琪	费用资产处		费用初审	初审费用类单据
z0＊＊004	郑云琪	总账成本处		总账主管	审核记账凭证,处理总账业务
z0＊＊005	贾萌	资金结算处		中心出纳	结算确认收付款
z0＊＊006	丁军	运营管理处		档案综合岗	审核合同及档案存档、管理
z0＊＊007	刘飞	费用资产处		资产核算岗	负责资产类业务核算
z0＊＊008	李兆林	采购核算处		应付复核岗	复核成本类单据
z0＊＊009	刘涛	费用资产处		费用复核岗	复核费用类单据
z0＊＊031	谭定珍	综合办公室	办公室	综合办公室专员	负责固定资产实物管理、会议统筹安排及发起相关业务单据流程
z0＊＊032	杨天波	综合办公室	办公室	综合办公室经理	审批固定资产采购、会议安排及相关业务单据
z0＊＊033	王玉兰	财务处	财务处办公室	业务财务	签订资金类合同;依据业务现状生成收支类、资金类单据
z0＊＊034	王彬	财务处	财务处办公室	财务经理	审批资金类合同、收支类与资金类单据
z0＊＊035	范海亮	供应处	供应处办公室	采购员	负责各类原材料的采购及发起相关业务单据流程

续　表

用户编码	用户名称	一级部门	二级部门	角色	职责简要说明
z0＊＊036	常松	供应处	供应处办公室	采购经理	审批各类原材料的采购及发起相关业务单据流程
z0＊＊037	罗成	供应处	仓库	仓管员	负责各类原材料采购到货、入库
z0＊＊038	李军	销售处	销售服务办公室	销售员	负责各类产成品、其他商品的销售,以及发起相关业务单据流程
z0＊＊039	王燕	销售处	销售服务办公室	销售经理	审批各类产成品、其他商品的销售,以及发起相关业务单据流程
z0＊＊040	陈岩	质控处	物检组	质检员	负责各类原材料的到货检验等
z0＊＊041	郭小明	结算中心		结算中心主任	稽核资金类单据、账目
z0＊＊042	刘志高	结算中心		资金审核岗	审核资金拨付,进行账实核对
z0＊＊043	曲宁	结算中心		资金结算岗	负责成员单位资金归集、拨付指令
z0＊＊044	李玉	总账成本处		共享中心作业组长	负责作业效率管理
z0＊＊045	张强	运营管理处		共享中心运营管理	负责质量管理
z0＊＊046	刘金涛	董事会		总经理	审批公司各类授权范围内业务

1.2.3　操作步骤

学生每次登录财务共享系统时,都应先打开电脑桌面谷歌浏览器,输入教师告知的地址,按回车键后出现如图 1-2 所示的登录页面。输入教师提供的用户名和密码"111111",点"登录",找到教师要求进入的教学班,点击进入该班级即可开始完成各个财务共享项目的作业。从费用共享模块开始,之后的项目模块都相互独立,不会彼此影响。但是,学生必须准确地按照教师要求完成财务共享规划与模块建设,因为这部分的建模工作会对后续项目的操作产生重要影响。

图 1-2　教学系统登录页面

1.2.3.1　建立财务共享中心

在财务共享规划与设计项目中,可将系统管理员角色赋予组长或者任意组员。以系统管理员的身份登录 NCC 轻量端,点"共享中心委托关系"的 6 个模块(左上角的"四叶草"里面也可以实现)。先点"创建共享中心",再点"新增",编码自定,业务单元选填"鸿途财务共享服务中心",最后点"保存"。同时也可以看到,右上角还可以新增,也就是说允许多中心设置。此处只新增 1 家即可。完成后如图 1-3 所示。

图 1-3　创建财务共享中心

1.2.3.2　设置委托关系

首先,依次点选"设置委托关系"和"新增",核算组织选填已建好的财务共享服务中心,接着点"新增",对应的业务单元选"16 家水泥子公司",勾选"包含下级",选中"鸿途集团水泥有限公司"这个文件包,再点"确定",就能看到业务单元是"16＋"。最后勾选"费用管理"及以下所有功能即可。完成后如图 1-4 所示。

序号	业务单元编码	业务单元	所属集团	费用管理	应收管理	应付管理	固定资产	现金管理	工单	总账	收付款合同 资产管理	基础档案	启用状态
1	2001	鸿途集团水泥有限公司	鸿途集团	是	是	是	是	是	是	是	是	是	√
2	2002	大连鸿途水泥有限公司	鸿途集团	是	是	是	是	是	是	是	是	是	√
3	2003	鸿途集团京北水泥有限公司	鸿途集团	是	是	是	是	是	是	是	是	是	√
4	2004	辽阳鸿途水泥有限公司	鸿途集团	是	是	是	是	是	是	是	是	是	√
5	2005	卫辉市鸿途水泥有限公司	鸿途集团	是	是	是	是	是	是	是	是	是	√
6	2006	鸿途集团光山水泥有限公司	鸿途集团	是	是	是	是	是	是	是	是	是	√
7	2007	鸿途集团金州水泥有限公司	鸿途集团	是	是	是	是	是	是	是	是	是	√
8	2008	京北鸿途水泥有限公司	鸿途集团	是	是	是	是	是	是	是	是	是	√
9	2009	鸿途集团许昌水泥有限公司	鸿途集团	是	是	是	是	是	是	是	是	是	√
10	2010	天津鸿途水泥有限公司	鸿途集团	是	是	是	是	是	是	是	是	是	√
11	2011	辽宁辽河集团水泥有限公司	鸿途集团	是	是	是	是	是	是	是	是	是	√
12	2012	灯塔市辽河水泥有限公司	鸿途集团	是	是	是	是	是	是	是	是	是	√
13	2013	辽宁辽西水泥集团有限公司	鸿途集团	是	是	是	是	是	是	是	是	是	√
14	2014	辽阳鸿途诚兴水泥有限公司	鸿途集团	是	是	是	是	是	是	是	是	是	√
15	2015	辽阳鸿途诚金水泥有限公司	鸿途集团	是	是	是	是	是	是	是	是	是	√
16	2016	大连金海建材集团有限公司	鸿途集团	是	是	是	是	是	是	是	是	是	√
17	2017	海城市水泥有限公司	鸿途集团	是	是	是	是	是	是	是	是	是	√

图 1-4　设置委托关系

1.2.3.3　建立工作组及规则

点"配置作业组工作",共享中心选填为已经设置好的财务共享中心,点左边作业组旁边的"＋",增加"01 费用组",再点"＋",增加"02 应收组""03 应付组""04 档案组"。点费用组旁边的"＋",增加"0101 费用初审"和"0102 费用复核"。单位范围包含的下级全部选中。

接下来再点右上角的"新增",这是对规则进行新增,要求给规则起名称,与费用初审组对应的可以起名为"费用初审规则",带红色"＊"号的为必填项,单据类型勾选"费用申请单、费用预提单、主借款单、主报销单",交易类型不用选,共享环节选填"共享审核"。再点右上角的"新增",这是对规则进行新增,要求给规则起名称,与费用复审组对应的可以起名为"费用复审规则",带红色"＊"号的为必填项,单据类型勾选"费用申请单、费用预提单、主借款单、主报销单",交易类型不用选,共享环节选填"共享复核"。单位范围包含的下级全部选中。

点右上角的"新增",与应收组对应的可以起名为"应收规则",单据类型勾选"应收单、收款单、主收款结算单",交易类型不用填,共享环节选填"共享审核"。单位范围包含的下级全部选中。点"保存"即可。

点右上角的"新增",与应付组对应的可以起名为"应付规则",单据类型勾选"应付单、付款单、主付款结算单",交易类型不用选,共享环节选填"共享审核"。单位范围包含的下级全部选中。点"保存"即可。

点右上角的"新增",与档案组对应的可以起名为"档案组规则",单据类型勾选"收款合同、付款合同",交易类型不用填,共享环节选填"共享审核"。单位范围包含的下级全部选中。点"保存"即可。完成后如图1-5所示。

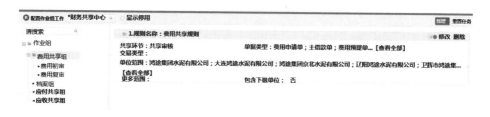

图1-5　配置工作组工作及规则

1.2.3.4　建立工作组用户

先点"配置作业组用户",按照系统预置角色表格内容进行配置;再点"共享中心",选已经建好的共享中心,应收共享组添加组员"王希",应付共享组添加组员"张春艳",费用初审组添加组员"龚紫琪",费用复审组添加组员"刘涛",档案组添加组员"丁军"。完成后如图1-6所示。

作业组	组长	组员	操作
费用共享组		2人	
费用初审		龚紫琪	+组长　+组员
费用复审		刘涛	+组长　+组员
档案组		丁军	+组长　+组员
应付共享组		张春艳	+组长　+组员
应收共享组		王希	+组长　+组员

图1-6　建立工作组用户

1.2.3.5　配置提取规则

先点"配置提取规则",共享中心选已经建好的共享中心,再点"新增",即新增提取规则,编号填"01",名称写"提取规则",提取方式设置为"不限制提取"。提取方式有3种可选,即"不限制提取""阈值提取""处理完毕后提取"。不限制提取可能导致工作人员的不道德选择。阈值提取是指限制每次提取的数量、一段时间内总提取数量和在手数量。处理完毕后提取也可以限制在手数量,同时只有在手单据全部处理完毕后才能提取。集团可以根据内部需要选择不同的提取规则。然后管理层级选"共享中心"级,再选定某个作业组,细化提取规则中的不同组级的设置,也可以直接选"作业组"级。本次实训不要求设置任务优先级。完成后如图 1-7 所示。

序号	编码	名称	提取方式	每次提取数量	在手任务阈值	管理层级	操作
1	01	提取规则	不限制提取	3	5	共享中心	修改 删除

图 1-7　配置提取规则

1.3　鞍钢集团财务共享案例

1.3.1　鞍钢集团简介

从宏观行业角度看,鞍钢集团是我国钢铁行业的龙头,行业类型为工业制造业,主营业务为黑色金属矿物采选和冶炼加工等,包括金属铁、铬、锰等矿物采选业、炼铁业、炼钢业、钢加工业、铁合金冶炼业、钢丝及其制品业等细分行业,是我国重要的原材料工业企业。非金属矿物采选和制品如焦化、耐火材料、碳素制品等其他一些工业门类,也被纳入钢铁工业范围内,属于鞍钢营业范围。国家统计局数据显示,2019 年上半年鞍钢集团存在产量大幅增长、铁矿石价格急剧上升、行业利润明显下滑等情况,这会严重影响该企业的营运能力和盈利能力。作为我国钢铁行业的龙头企业,鞍钢集团考虑实施高质量的财务共享管理,实现企业各项成本节约与运营绩效提升。钢铁行业是资本与劳动力密集型行业,鞍钢所生产的原材料、所占用的财务资源与实现的就业量都对国计民生有着重大影响。虽然随着新材料工业的不断发展,钢铁行业逐渐变成夕阳产业,但随着人工智能时代的来临,钢铁行业在许多方面仍体现出不可替代的作用,存在较大的变数和发展的可能。钢铁行业生产和管理必须进行数字化改革,不断更新生产技术和产品种类,生产出更能满足新时代需求的钢铁主产品与副产品。

从微观企业角度看,鞍钢集团的产品销售实现国际化,覆盖全球 60 多个国家和地区,包括 26 家境外公司及机构、500 多家国内外客户及合作伙伴,年进出口贸易额超过 50 亿美元。其产品应用于我国的"西气东输"、青藏铁路、三峡水利枢纽、南京长江大桥、港珠澳大桥、国家体育场"鸟巢"和美国韦拉扎诺海峡大桥、塔纳纳西河桥等国内外重大工程项目。鞍钢集团与蒂森克虏伯、维苏威、通用电气等世界级企业有着中长期战略合作,是德国大众、宝马,美国通用汽车,韩国 STX 等众多国际知名企业的全球供货商。鞍钢集团始终把跨国经营与可持续发展放在重要位置,这就需要满足跨国管理需求的财务共享服务中心,帮助员工与往来企业实现国际化业财融合业务的办理。

从企业管理角度看,截至 2019 年鞍钢经营管理特点体现在 3 个方面:一是企业规模大。鞍钢具备每年生产 3900 万吨钢的能力,可生产 3000 多个牌号、6 万多个不同规格的高技术产品。截至 2018 年末,资产总额为 3400 多亿元,员工数量约有 13.6 万人,退休职工约有 22.9 万人。2018 年,产铁量为 3476 万吨,产钢量为 3736 万吨,产钢材量为 3491 万吨,营业收入为 2200 亿元。二是业务类型多。鞍钢的主营业务为钢铁、矿业,非主营业务涉及医院、金融、建设、房地产、汽运、信息、实业等七大板块。各板块下属单位、子集团众多,跨产业结构复杂。三是管理横向与纵向复杂度高。随着企业的不断发展壮大,鞍钢集团的业务横向覆盖钢铁、钒钛、工程、信息、金融等多个领域,纵向管理层级多达 5 级,法人链条特别长,管理复杂度高,管理效率较低。如此规模庞大且内部复杂的集团必须实施财务数字化,才能实现高效的财务管理。

1.3.2 鞍钢集团财务共享中心规划与建设

1.3.2.1 鞍钢集团建设目标

鞍钢集团计划实施的财务共享,是从企业战略管理角度出发所做的规划,期望通过财务共享服务中心,实现企业 4 个重要方面的转型:企业财务管理转型,企业资源配置优化管理,强化集团管控,提升财务效率。鞍钢集团通过 4 个方面的转型提炼出实施财务共享的 4 个重要目标:核算流程标准化,操作平台统一化,会计制度规范化和财务管理价值化。流程和平台的优化,能逐步杜绝假账错账的产生;制度规范化能帮助中小投资者获取更可信的对外财务报告。这 4 个目标协同作用,帮助企业实现可持续发展。

1.3.2.2 鞍钢集团建设范围

按照上述 4 个目标,鞍钢财务共享实施分为 3 个子项目:统一核算流程,建设财务共享中心,建设中央账务仓。3 个子项目按排列先后顺序逐步实现集团财务数字化。统一核算流程需要建设统一的核算系统,统一实现鞍钢集团所有不同级别单位的业财融合,主要针对改善过往尚未采购 ERP 财务系统的子级单位,由各单位财务人员操作使用,包括总账系统、应收应付、资金核算、薪资管理、成本核算、工程核算、存货核算、投资核算、借款核算、月结年结、UFO 报表等。建设财务共享服务中心是指建设单中心模式的财务共享服务中心,将集团所有财务业务集中到该财务共享中心进行处理,实现业财融合运转,由财务共享中心人员操作使用,包括资金结算、费用报销、销售管理、采购管理、工程结算、薪资管理、税费管理、筹资管理、上划下拨等功能。中央账务仓再将核算数据进行归集和分类,方便管理层查阅与决策,由集团范围内单位财务分析人员操作使用,包括凭证查询、账务查询、合并报表数据查询、对账功能、多口径合并管理等功能。

1.3.2.3 鞍钢集团财务共享推进思路

鞍钢集团在财务共享建设过程中的重点思路是做好整体建设,同时,注意统一核算系统、财务共享服务中心和中央账务仓 3 个项目的交叉推进。统一核算系统注重项目涉及范围内的子级单位上线的推进,财务共享服务中心注重实施前期的调研与规划,中央账务仓注重启动前期规划。

1.3.2.4 鞍钢集团财务共享实施推进阶段

鞍钢集团财务共享实施推进过程划分为 3 个阶段。第一阶段,进行基础模块设计,从业财融合的实践需求出发设计财务共享功能模块,最终保证统一核算功能线上运行;第二阶段,实现财务共享与原有财务系统软件 SAP 端口对接,在实现基础功能模块的前提下深化财务共享系统业财融合功能;第三阶段,将使用不同财务系统软件的公司(如使用 N9 或 NC6 的子公司,财务系统软件不完全相同)的财务业务推进到线上统一由财务共享中心处理,实现集团全范围内的财务共享,包括旗下鞍钢国际贸易公司、广州不锈钢公司、鞍钢集团有限公司等,此阶段总结了第二阶段的经验,实现了财务共享平台接口的统一。

1.3.2.5　鞍钢集团财务共享中心的相关组织设置

鞍钢集团实现了 2 种财务部门的分工,即在总部设置财务运营部门,单独为集团下属子公司设立财务共享单中心。财务运营部设立的目的是战略财务;财务共享中心设立的目的是业财融合,包括总账管理部、销售应收部、采购应付部、费用报销部、统计部门、运营部、综合办公室等。

1.3.3　鞍钢集团财务共享服务中心建设过程

鞍钢集团在财务共享服务中心建设过程中,多以电子形式完成各种调研报告、表格的分析、业务流程图设计、蓝图设计报告、规格说明书、测试与培训计划、操作手册等,少数资料以纸质形式或应用程序形式呈现。财务共享实施合同规定双方协作完成调研、蓝图设计和系统上线(含培训、系统配置、二次开发等)。首先建设统一的财务核算系统,再建设财务共享服务中心,最后完成中央账务仓的建设。第一阶段为 2017 年 1—9 月,建设统一的财务核算系统大约历时 9 个月,重点范围在鞍山区域。第二阶段为 2017 年 5 月—2019 年 12 月,历时 31 个月,范围是全鞍钢集团。第三阶段为 2018 年 12 月—2019 年 12 月,历时 1 年,重点为鞍钢矿业、鞍钢集团和鞍山区域财务凭证收集。2017—2019 年,鞍钢集团用了大约 3 年的时间,建设完成集团财务共享服务中心,实现了业财融合、账务标准统一、财务系统统一。不同子级单位财务系统平台的统一还在持续进行中。

1.3.4　鞍钢集团财务共享推进小组设置

按照鞍钢 3 个项目的建设目标,推进小组也设置为核算组、共享组和主数据组,分别负责统一核算项目与中央账务仓、财务共享中心和基础档案。其中,共享组分类更为细致,包括总账组、应收组、应付组、费用组和资金组。总账组负责职工薪酬发放和离退休职工资金管理、筹资、投资、实收资本、利润分配、纳税等相关功能的研发与上线;应收组负责销售、回款功能研发与上线;应付组负责采购、付款等功能的研发与上线;费用组负责对公业务、借款、报销、核销等相关功能的研发与上线;资金组负责资金计划编制、预算控制和结算功能的研发与上线。线上系统统一完成后,大量财务人员被派遣至财务共享中心并加入共享组,少量财务人员负责维护核算系统运行与建设中央账务仓。主数据组负责编辑与维护基础档案信息,包括往来企业、部门档案、人员档案、权限管理等,将往来客户与供应商相关信息交由应收组重点负责。

1.3.5 基于"真善美"的视角剖析鞍钢集团财务共享实施成果

财务管理模式转变实现了财务的"真善美"。财务共享实施后,鞍钢集团成功将财务功能划分为战略功能、共享功能与业务功能3个角色。实施财务共享,既实现了账务标准化统一化、快速生成各类报表数据,使得鞍钢集团避免了错账、漏账,又通过平台接口连接各大互联网平台(如携程等),实现了无假账,故鞍钢财务共享为企业实现了账务"真"实。实施财务共享后,员工工作效率和报账效率得到了显著的提升,员工的工作满意度提高了,业务员与财务员交流更顺利、更便捷,是为"美"。实施财务共享后,企业对外报表账务格式统一,报表信息量更大、更标准,大数据平台下生成各类型账表的速度更快,从以前的月报、年报,细化到周报、日报,方便企业管理层随时查询报表数据,了解企业经营现状,及时调整中短期战略,从而保证投资者实现利益最大化。企业管理者可根据共享平台大数据实时调整企业经营战略,不再像以往受限于时间与空间,能实时、实地获取相关数据,做出短期、中期和长期决策的调整,是为"善"。本书之后所有章节都可以按照此思路进行课程思政视角的剖析。

1.3.5.1 鞍钢集团财务岗位成果

为实现财务共享实施,鞍钢集团将财务岗位调整为战略财务、业务财务和共享财务。具体如下:

鞍钢战略财务在岗位上体现为财务运营,职责是做好集团总体财务规划,并下达命令给各个子级财务部门和财务共享服务中心,具体工作内容包括集团财务制度规划、集团投融资管理、集团资金运营和管理、指导子级单位业务财务的各项工作、从财务共享中心及时获取财务数据并修订短、中、长期的战略方案。

鞍钢业务财务负责除了财务共享服务中心以外的所有子级单位及总部的财务业务审核与管理工作,包括企业财务制度建设、全面预算管理、本单位资金运营和管理、业财沟通、成本核算、财务活动分析、本单位投融资、配合共享财务的业财分工、验证票据真伪等。业务财务的岗位职责是成为战略财务、共享财务、共享服务中心和其他级别单位之间的桥梁,就好比本单位的财务信息对外接口,从战略财务获取指令,再通过制度化规则要求本单位遵循后生成相关财务数据,最后由业务财务审核后发送给财务共享中心集中处理。业务财务对外接口的作用就是接受指令与发出信息,最后实现集团总体目标与数据归集。

鞍钢共享财务的职责是实现制度的规划与优化,实现财务管理的"美"。共享财务按照制度要求,在子级部门人员之间签署《财务共享服务协议》,优化业务流程,将业务统一放到一个信息化平台上加以处理和维护,实现业务与财务的无缝对接。

战略财务、业务财务与共享财务的实现,需要软硬件设备作为支撑。软硬件设备的实现必须通过财务共享服务平台基本架构的规划搭建、平台集成架构功能匹配,以及服务器架构部署。

1.3.5.2 鞍钢集团财务共享平台架构搭建成效

财务共享服务平台在处理系统权限、流程管理和基础档案时使用 UAP 系统,依托财务共享服务平台的总账共享、应收应付共享、费用共享、资金结算等功能,连接各个不同财务 ERP 系统,最终实现中央仓数据统一集团"一本账"。鞍钢集团财务共享系统中资金管理活动尤其复杂,包括账户和票据管理,资金内部结算,资金的平衡、计划、监管,银企直连,认款平台,等等。财务共享资金管理的优势主要体现在全面、精细和强控制。全面是指全流程管控,精细是指数据可随时按签约客户的需求拉出并形成相应表单作为决策依据,强控制是指财务共享能控制每笔支出金额的大小。

1.3.5.3　鞍钢集团财务共享平台集成架构成效

鞍钢集团集成架构多且杂:平台约有 30 个,基础接口在 50 个以上,数据接口有 238 个。财务共享平台实现企业用友 ERP-NC 系统软件与 SAP 系统的无缝集成,目标是实现自动、及时地清账。集成架构主要包括主数据集成、凭证集成、业务集成和清账集成 4 个方面,主数据集成完成数据对接匹配即可,但凭证集成、业务集成则需要触发该业务后才能自动生成相关单据,用友 NC 与 SAP 系统互通生成相关单据。清账集成会自动集成所有未清项目,进行核销与选择付款(按月度设定规则或人工挑选后选择付款),最后自动进行清账处理生成付款凭证。

1.3.5.4　鞍钢集团财务共享平台服务器部署架构成效

鞍钢集团本次设置的财务共享平台服务器共有 6 类,分别为应用服务器、数据库服务器、影像服务器、移动服务器、缓存服务器和备份服务器。应用服务器上安装了与财务共享相关的应用系统软件并实现了集群效应,保证财务共享业务线上顺利开展与负载均衡。数据库服务器的主功能为处理与存储数据,财务共享平台中的每台数据服务器均安装了数据库软件,搭建集群以保障数据的可靠性,帮助用户及时访问数据,实现负载均衡。影像服务器主要用于处理和存储用户上传的影像文件,通过集群效应保障影像文件的安全。移动服务器专门为移动服务端提供业务并迅速处理业务的活动,例如支持用户在手机上发起业务的申请、业务单据审核、业务单据进度查询、信息推送、信息提醒、实时报表推送、用户代办或已办状态查询等。配置 2 台缓存服务器,在为应用服务器用户提供缓存功能的同时,增设了登录用户并发数,通过信息化系统集群操作实现冗余。备份服务器将应用服务器和数据服务器中的相关数据进行备份,实现数据的备份功能。存储系统为所有应用系统提供存储空间,存储应用系统实时进度镜像,随时保证进度可重新来过。磁带库定期将上述数据进行磁带备份,减少磁盘柜压力。

1.3.6　鞍钢集团财务共享实施特点与难点

鞍钢集团财务共享服务平台实施包括建设期和业务运行期 2 个阶段。建设期内,要求信息化和业财融合范围更全面地覆盖到全组织、全行业、全业务和各个异构信息系统,从而实现集团整体建设,以及集团整体成本的节约与效率的提高。业务运行期则要求费用类和财务链业务实施财务共享。

1.3.6.1　鞍钢集团财务共享服务中心建设特点

鞍钢集团财务共享实施要求在各成员单位的财权、事权、责任和义务范围均不改变的前提下,实施财务共享。财权包括资金使用权和所有权,事权包括财务自主权,责任义务包括纳税、审计主体责任和各类经济事项法律责任及真实性、财务共享中心核算合规性。鞍钢集团财务共享服务中心建设有 4 个特点:全组织,全行业,全业务,不同财务信息系统集成化。以下对这 4 个特点加以具体讨论。

全组织特点要求将集团内所有合并报表范围内的子级单位的账务审核与处理纳入财务共享同一平台,包括 2 个不同区域和各个不同板块的单位,以及全国 1-5 级子级公司。本轮纳入财务共享企业数总计多达 397 家。

全行业特点要求鞍钢集团将除了涉及社会组织和国际组织以外的其他所有行业纳入本轮财务共享。鞍钢集团下属企业共涉及 48 个行业大类,主营行业为钢铁生产和矿山开采类,其他行业包括施工、机械、房地产、公路、铁路、海路、管道运输、信息技术、金融、教育、酒店、餐饮、城市服务等门类。在财务共享服务中,不专门区分行业类别,均统一进行管理与设置。

全业务特点要求将所有业务纳入财务共享实施范围。鞍钢集团业务包括费用报销、资金收付、销售与应收款、采购与应付款、工程付款、薪资管理、纳税业务、投融资管理、集团内部上收下支等,业务单据在岗位之间流转的流程相对固定。同时,除上述主业务外的其他总账业务也有固定流程规则。

不同财务信息系统集成化特点要求将过去各个级别单位使用的不同财务系统集成到同一财务共享平台上,这就必须对接 2 套 SAP 财务信息系统、4 套用友 NC 财务信息系统(含 2 种型号)、1 套中冠 ERP 会计信息系统、1 套 N9 会计信息系统,集成后可以在财务共享平台实现不同信息系统的会计凭证的实时推送和清账。

1.3.6.2　鞍钢集团财务共享业务特点

鞍钢集团财务共享业务按照行业与企业特点分为费用类、应收类、应付类和总账类业务。

鞍钢集团费用类业务复杂,其特点包括控制标准复杂、审批流程复杂、报支方式复杂和代付外币业务复杂4个方面。控制标准按照差旅费、招待费和主办方会议费分类,差旅费分级标准更细,包括集团级和下属组织机构级别标准。审批流程分为自管和监管、机关和基层、党务和行政,不同审批流程的费用应设计不同的流程管理,党政费用应与企业费用分离管理。报支方式应严格按照支付费用、挂账费用和借款费用的不同审批流程进行管理。代付外币业务与非外币业务应区别设计流程管理。

应收类业务的结算方式因行业类别的不同而有所不同,涉及的行业有工业类、商品类、餐饮、幼教、房产出租和报纸发行。工业类采用应收与预收类结算方式,商品类采用小额计算方式,房产出租和报纸发行采用分摊收入结算方式。

应付类业务主要与资金管理挂钩,各个子级单位资金管理计划明细到每笔业务,管理对象范围比较小,涉及的付款政策种类多,实现了财务共享与业财融合,最大特点是集成化管理,包括2个SAP财务信息系统集成、资金计划集成、未清账项集成。

总账类业务特点主要是涵盖业务内容多,涉及的国家相关政策也多,因此在财务共享系统中呈现出来的是每种业务内容相对复杂、处理流程较多的特征,包括薪资管理、保险业务、税费缴纳、投融资业务管理、票据管理、财务费用管理、政府基金等。

1.3.6.3　鞍钢集团财务共享建设难点与解决方案

鞍钢集团财务共享建设难点归纳为:核算规则难统一,业务流程难统一,基础档案数据量大输入难,财务信息化程度不同,多套财务信息化系统并存,业务人员观念难转变,等等。

(1)核算规则难统一。鞍钢集团旗下企业所处行业类别不同,企业子级较多,组织形式各有不同,因此集团内部各单位的核算规则差异较大。鞍钢集团在安排财务共享实施进度的过程中,先把重点企业名单列出来,按照重点企业的核算规则设置全集团的会计科目和收支项目,最终落实到末级单位,把之前财务信息系统中总计9000多个的会计科目精简为2000多个。

(2)业务流程难统一。各级单位具备自身经营特色,业务范围、经营模式、管理需求各有不同,短时间内统一审批和业务流程存在难度。鞍钢集团财务共享实施建设团队研究了各个级别单位的业务模式,进行梳理分类,归纳出了简洁、通用的核算流程,并逐级统一;财务共享团队对不同地区、不同级别的单位需求进行细致分析,对各个流程中涉及的归属地、岗位和职责的合理性进行判断,对将各个审批流程或业务流程纳入财务共享的可行性进行分析。结合鞍钢集团财务共享的要求,在提高各个流程效率的同时,也注意风险管控;根据前期调研确定关键问题并进行总结梳理,按照流程信息流动情况,判断信息系统对流程活动支撑是否到位;根据财务共享实施的具体目标,确定财务共享系统的改进方向,并将改进方向细分为流程节点进行研究,把与本单位相似的流程提炼出来进行仔细比对,尽量精简集团所有业务流程与审批流程,形成集团级别的标准工作流程和审批流程,不同时期的各个单位可根据需求启用不同标准流程,或对标准流程进行改进后使用;规模较大的单位可单独设立符合自身复杂业态需求的工作流程和审批流程。

(3)基础档案相关数据量大、工作难。鞍钢集团的基础档案包括各个成员单位的部门、员工、岗位、供应商、客户、仓库、生产车间、存货等。各个成员单位都具备庞大的数据量。为了解决这一难题,财务共享主数据组提出如下方案:前期先进行数据输入,工作量比较庞大;中期按标准格式需求进行数据清洗;后期将主数据服务系统与财务共享系统对接,输入基础档案数据即可完成。虽然工作量庞大,但是经过格式清洗后的数据传输比较快。另外,不同财务信息系统的数据之间不能共通,因此需要采用以集团为主的对照式映射补充,尽快完成不同财务信息系统的基础数据清洗工作。

(4)财务信息化程度不同。各个成员单位已实现的财务信息化程度不同,这会给财务共享的实施带来困难,因为不同单位的信息化程度不一样,财务共享系统对接要求也不一样。针对这种情况,鞍钢集团在财务共享实施过程中结合使用业财融合的集成系统和非业财融合的非集成系统,以满足不同信息化程度的单位的需求。

(5)多套财务信息化系统并存。财务共享平台除了有统一的核算信息系统外,还必须考虑能与不同的财务信息化系统平台数据相连。目前鞍钢集团共有2套 SAP 财务信息系统、4 套用友 NC 财务信息系统(含 2 种型号)、1 套中冠ERP 会计信息系统、1 套 N9 会计信息系统,端口对接后可以在财务共享平台实现不同信息系统的业务数据传送,实现财务共享信息系统集成。

(6)业务人员观念难转变。财务人员因接受大量信息化平台知识,乐于接受培训,观念也比较容易转变,但是业务流程和审批流程向集团统一后,各个地区和各个单位的业务人员会被要求学习新流程,这期间可能还需要接受一些培训。业务人员需在完成自身业务的同时,适应集团财务的新变化,而这些变化可能会给他们带来新的痛点和难点。针对这一情况,鞍钢集团需要安排财务人员对业务人员进行定期或不定期培训,并且为业务人员提供耐心的指导服务,为负责特殊业务的人员提供特殊帮助(如线上填单指导),帮助其尽快成长,以适应集团的管理需要。

1.3.6.4 鞍钢集团财务共享平台替换子公司财务共享平台

鞍钢集团在 2017 年开始整体建设财务共享之前,旗下有 2 家单位已经实施了财务共享并且各自独立运行,这 2 家分别是鞍钢股份和鞍钢矿业。为了实现集团的总体统一,必须考虑将 2 家公司的财务共享平台进行改建或重构。

鞍钢股份财务共享模式与集团共享前的业务模式基本一样,财务共享实施范围小,因此财务共享中心的人员处理的业务其实还是鞍钢股份的业务,业务人员和财务人员的分布并没有发生太大变化。鞍钢股份已有的财务共享系统平台对接 SAP 系统、人力资源(Human Resources,HR)系统、集团办公自动化(Office Automation,OA)系统、固定资产系统、外接金税系统,相关业务与集团类似,通用功能包括影像服务、单据管理、流程管理、凭证自动生成、业务监控、主数据管理、预算管理,自定义功能包括固定资产报废、在建工程转固定资产审批管理、物流费用报销、开票业务、个人垫付收支等。财务共享组共有 6 个结算组,分别是费用组(19人)、采购组(28人)、销售组(50人)、原燃料组(17人)、物流组(6人)、资本组(7人),并设2名共享中心领导。鞍钢股份财务部设置财务管理人员12人、资金结算人员8人、驻场组人员43人,以及化工事业部人员10人。

鞍钢矿业财务共享中心通用功能包括影像服务、单据管理、流程管理、凭证自动生成、业务监控、主数据管理。选择有经验的鞍钢矿业财务共享中心人员成立鞍钢集团财务共享中心筹备组,设置2名筹备组组长,财务共享组共分7个结算组,分别是费用组(13人)、采购组(11人)、销售收款组(6人)、税费组(6人)、结算组(10人)、资产组(8人)、总账组(9人)。

1.3.6.5 集团实施财务共享与子公司实施财务共享比较

从产品定位的角度来看,子公司实施的财务共享定位仅仅是项目化,而集团定位更完整,范围覆盖面更广。从平台稳定性的角度来看,子公司并未将其纳入考量,但集团会根据客户反馈,逐步优化平台,包括后期的建设。从产品灵活度的角度来看,子公司的项目导向性太强,仅仅由项目提出者提方案,接受着照单做方案;集团财务共享产品导向,可个性化开发,有模板可修改与进一步开发,单据有内置模板,轻量化能满足实施人员因地制宜的开发需求,功能延展性强,环节紧扣保证业务操作严密。从方案完整性的角度来看,子公司财务共享主打集成方案,相对完整,但完全没有针对行业的方案;而集团完整,主打业财融合方案,并有行业解决方案。从落地模式来看,子公司考虑落地模式,而集团财务共享基于更审慎的原则采用初期调研、蓝图设计、咨询设计、多个财务信息系统集成、资金收付集中管理方案等。从方案倾向性的角度来看,2家子公司实施财务共享仅仅是为了解决自身账务问题,而集团财务共享通过业财融合解决了集团范围内绝大部分单位的财务账务处理问题,集中了资金收付,统一了标准化流程操作。

总之,子公司实施财务共享依然满足个别单位财务的集中需求,财务共享产品是初期阶段的产品,共享实施范围非常小,并非真正意义上的财务共享,将其形容为云会计更为贴切;但是集团财务共享实现了真正的财务共享,产品功能齐全,重量端与轻量端并举,覆盖面广,脱离了传统会计业财处理,重新建构了全集团范围内的标准业财一体化,管控更集中。

集团财务共享直接替代了子公司的财务共享,实现了在集团财务共享平台上统一完成月度资金计划编制、审批流程、工作流程、影像管理、共享中心审批、凭证审核。建设后期重点包括税务管理和财务机器人。税务管理主要建设全集团范围的"发票池",方便集团各单位统一管理发票,尤其是增值税进销项发票,并且对发票整个持有周期内进行合理管理。财务机器人是智能化技术和财务技术的产物。将财务机器人纳入财务共享流程,能丰富财务数字化的内涵,并实现财务工作效率的大幅度提升。财务机器人的种类包括开票机器人、收单机器人、对账机器人。集团更进一步地发展出会计师事务所审计机器人,提升了事务所审计效率,使得企业内外财务相关工作效率同时提升。

鞍钢集团财务共享平台的建设与使用,是全国范围内、全行业范围内的典型案例,因其实施范围广、涵盖行业种类多、子级单位众多、能处理复杂业态、兼容对接不同财务信息系统的功能特点,完全展现了财务共享平台相较于传统会计信息化系统、云会计服务系统的领先优势。鞍钢集团不仅可以作为本行业内的财务共享典型案例参考,还可以作为各类工业制造业的财务共享案例,带领我国智能制造、传统制造业找到新的财务转型路径,为财务数字化转型提供强有力的范本。鞍钢集团的规划建设期、建设内容、建设特点、建设成果,均可作为我国各类工业企业实施财务数字化的优秀样本。

2 费用共享

2.1 差旅费管理共享

2.1.1 业务概述与分析

用例 1:鸿途集团在销售服务办公室的销售员里,挑选出李军,派他去北京出差。李军于 2019 年 7 月 8 日从郑州坐火车出发,于 2019 年 7 月 9 日坐火车返程。此次出差李军提前向销售经理报备过。出差回来,他带回了住宿费发票的发票联与抵扣联、火车票和在北京打车的出租车发票。2019 年 7 月 10 日,即李军回来后的第二天,他就开始发起这一次出差的差旅费报销,并在系统中填写了出差报销单。他选择了网银的结算方式,他所选择的单位银行账号是以8310 结尾的账号,因为这个账号是单位支出类型的户头账号。请仔细观看以下发票(见图 2-1 至图 2-4),代替李军填写差旅费报销单并提交,经由销售经理、业务财务、财务经理、共享费用初审岗进行审核,由中心出纳进行支付,由总账主管进行凭证审核。

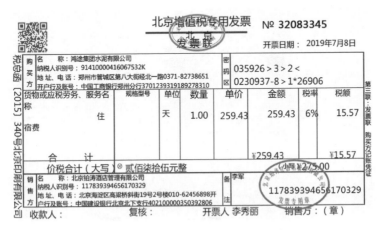

图 2-1　用例 1 住宿费发票联

图 2-2　用例 1 住宿费发票抵扣联

图 2-3　用例 1 出租车发票

图 2-4　用例 1 往返火车票

　　用例 2:鸿途集团销售服务办公室在 2019 年 7 月 16 日又派出销售员李军去广州出差。这次他也是从郑州出发,但坐的是飞机,因此,他的往返行程发票是飞机票,即 7 月 16 日有一张从郑州前往广州的飞机票,7 月 20 日还有一张从广州返回郑州的飞机票。当然,李军事前已经找销售经理报备过了。7 月 21 日,李军出差回来后找销售服务办公室的销售经理来审核他这次出差的相关费用。销售经理通过查找鸿途集团费用管理制度,发现李军的整个费用超标准了,主要是因为当时广州白云宾馆的房间比较紧张,导致他的住宿费有点高,总费用超出 5000 元。因此,对于李军这次报销的审批,还必须经过总经理。这就区别于用例 1 中,因为用例 1 的出差费用没有超过费用制度标准,所以不需要总经理审批,而用例 2 中的则因超标需要总经理审批。同样,李军所选择的差旅费报销单里面的结算方式也是网银,单位银行账号还是选择以 8310 结尾的支出户的账号。

　　请仔细观看以下发票(见图 2-5 至图 2-10),代替李军填写差旅费报销单并提交,经由销售经理、总经理、业务财务、财务经理、共享费用初审岗进行审核,由中心出纳进行支付,由总账主管进行凭证审核。

图 2-5　用例 2 住宿费发票联

图 2-6　用例 2 住宿费发票抵扣联

航空运输电子客票行程单

657528639 5

旅客姓名 NAME OF PASSENGER	有效身份证件号码 ID. NO.				签注 ENDORSEMENTSRESTRICEIONS (CARBON)			
李军	370321199505060428				签转改退收费			
	承运人 CARRIER	航班号 FLIGHT	座位等级 CLASS	日期 DATE	时间 TIME	客票级别/客票类别 FARE BASIS	客票生效日期 NOTVALIDBEFORE	有效截止日期 NOTVALIDAFIER	免费行李 ALLOW
自 FROM　郑州 CGO	南航	CZ6244	L	16JUL	1940				20K
至 TO　广州 CAN		VOID							
至 TO　VOID									
至 TO									

票价 FARE	民航发展基金	燃油附加费	其他税费	合计 TOTAL
CNY1130.00	50.00	0.00		CNY1180.00

电子客票号码 E-TICKET NO　9998505825639-　CK.　5634　提示信息 INFORMATION　　保险费 INSURANCE　XXX

销售单位代号 AGENT CODE　PEK888 8385241　　ISSUED BY 北京携程国际旅行社有限公司　　填开日期 DATE OF ISSUE　2019-07-16

图 2-7　用例 2 飞机去程票

航空运输电子客票行程单

657528718 7

旅客姓名 NAME OF PASSENGER	有效身份证件号码 ID. NO.				签注 ENDORSEMENTSRESTRICEIONS (CARBON)			
李军	370321199505060428				签转改退收费			
	承运人 CARRIER	航班号 FLIGHT	座位等级 CLASS	日期 DATE	时间 TIME	客票级别/客票类别 FARE BASIS	客票生效日期 NOTVALIDBEFORE	有效截止日期 NOTVALIDAFIER	免费行李 ALLOW
自 FROM　广州 CAN	南航	CZ6243	M	20JUL	1535				20K
自 FROM　郑州 CGO		VOID							
至 TO　VOID									
至 TO									

票价 FARE	民航发票基金	燃油附加费	其他税费 OTHER TAXES	合计 TOTAL
CNY990.00	50.00	0.00		CNY1040.00

电子客票号码 E-TICKET NO　9998505825639-　CK.　5634　　保险费 INSURANCE　XXX

销售单位代号 AGENT CODE　PEK888 8385241　　ISSUED BY 北京携程国际旅行社有限公司　　填开日期 DATE OF ISSUE　2019-07-20

图 2-8　用例 2 飞机返程票

图 2-9　用例 2 出租车发票(1)

图 2-10　用例 2 出租车发票(2)

注:根据《财政部税务总局海关总署公告》〔2019 年〕第 39 号,取得注明旅客身份信息的航空运输电子客票行程单的,必须按照下列公式计算进项税额:航空旅客运输进项税额＝(票价＋燃油附加费)÷(1＋9%)×9%。

2.1.2　虚拟业务场景

2.1.2.1　涉及的岗位角色

虚拟案例企业费用报销的全业务流程场景包括:预算编制—费用申请—借款—发生—报销—核销—账务处理。

销售服务办公室销售员李军,负责各类产成品、其他商品的销售及发起相关业务单据流程流程等。

销售服务办公室销售经理王燕,负责审批各类产成品、其他商品的销售及发起相关业务单据流程等。

董事会总经理刘金涛,负责审批公司各类授权范围内业务。

财务处办公室业务财务王玉兰,负责签订资金类合同,并依据业务现状生成收支类、资金类单据等。

财务处办公室财务经理王彬,负责审批资金类合同,收支类与资金类单据,等等。

共享中心费用初审岗龚紫琪,负责初审费用类单据等。

共享中心出纳贾萌,负责结算确认收付款等。

总账主管郑云琪,负责审核记账凭证和总账业务处理等。

2.1.2.2 虚拟场景对话

2019 年 7 月 5 日

王燕对李军说:"最近有 2 次去外地出差销售产品的任务派给你,一次是去北京,还有一次是去广州!"

李军:"好的,王经理,保证完成任务! 请问这算是向您报备过了吗?"

王燕:"算是吧,你回来把差旅费报销单填好给我签字,不要忘记带回你的住宿发票和交通费发票!"

李军:"明白!"

2019 年 7 月 10 日

李军:"王经理,我在 NCC 系统里填好了前两天去北京出差的差旅费报销单,请您审批!"

王燕:"好的,我正在看,没问题,审批通过!"

李军发微信给业务财务王玉兰:"王财务,请您在 NCC 系统里帮我审批我前两天去北京出差的差旅费报销单!"

王玉兰回复说:"我看到了,没超标准,可以报销,还请您把发票原件都带到我办公室,我要存档!"

李军:"行! 马上送到!"于是,李军把相关原始单据带到王玉兰办公室,审批通过。

2小时后,李军手机收到银行的到账短信,他兴奋地说:"财务共享中心专员办事效率很高嘛!"

2.1.3 预备知识

2.1.3.1 费用管理制度和流程

在整个社会经济体系中,任何一个企业都有它的费用管理制度。在费用审核关系中,费用报销人是费用报销的主体。在费用报销人和审核人之间,一方面费用报销人要正确填写报销数据,尤其是报销金额和与出差相关的行程信息;另一方面,企业的审核人要根据报销的具体业务和企业的费用管理制度来进行审核、支付和记账。但是,有别于未实施财务共享的企业,我们此次的案例,将财务共享思想纳入费用报销环节,在报销流程中添加共享中心费用初审岗角色,审核通过后由财务共享中心出纳统一支付。

传统费用报销流程也是先由销售员发起,再由销售经理审核(有可能加入总经理审核),最后提交给各个分(子)公司的财务部审核(财务部的审核人员包括出纳和财务经理)。在实施了财务共享的企业里,多出一名审核人员,即财务共享中心费用初审岗角色。

传统费用报销流程的痛点在于缺失云会计服务或者财务共享中心而带来层出不穷的麻烦,如报销地点比较远、报销审核人员效率低、报销标准不统一、账务处理不统一、支付延迟等,最终导致出差人员的费用报销不及时、报销金额出错、合并报表难以快速生成等。而成功建设并实施财务共享中心之后的集团企业,虽然费用报销环节多出了一个共享中心费用初审岗角色,但是这个费用初审岗角色的工作效率高,每个月都会受到各个相关部门的绩效考核,因此反而会提高了整个企业的报销效率,保证了报销标准及账务处理的统一,并克服了支付延迟的缺点。

2.1.3.2 会计分录

借:销售费用——差旅费

应交税费——应交增值税——进项税额

　　贷:银行存款——支出户

　　这2笔虚拟业务描述了销售部门派销售员出差的行为,是为了实现特定销售目的,因此这2轮销售行为所发生的费用都应计入"销售费用——差旅费科目",后期我们会观察到凭证科目金额自动化生成。如果所开具的发票是增值税专用发票,那么在具备抵扣联的前提下可以抵扣进项税额。从前文可以看到,不论用例1还是用例2,都具备住宿费发票的抵扣联(见图2-2和图2-6),因此,我们的借方科目应该分成2个:一个是"销售费用——差旅费",另一个是"应交税费——应交增值税——进项税额"。另外,火车票也可以进行部分进项税额的抵扣,详情见下文的相关税费知识。而贷方科目,则是支付报销款项之后银行存款的减少。这笔银行存款是从鸿途集团虚拟银行账号中打出的,因此贷方科目应该填"银行存款——支出户"。

2.1.3.3　相关税费

　　企业应缴纳增值税税额的简易计算公式为:增值税税额＝销项税额－进项税额。如果能取得进项税额,那么就可抵扣销项税额,减少缴纳税额,从而减少企业应交税费。

　　本章涉及的进项税额包括2种:一种是住宿费的进项税额抵扣,另一种是交通费的进项税额抵扣。住宿费的进项税额能否抵扣,取决于所取得的发票是否为增值税专用发票。如果所取得的住宿费发票是增值税专用发票,那么除了取得发票联以外,还能够取得抵扣联;在具备抵扣联的前提下,这笔住宿费的税额是可以抵扣的。同时,目前根据财政部税务总局海关总署的规定,运输费如符合条件也可以进行进项税抵扣,本章涉及的是火车票和飞机票的进项税额抵扣,抵扣比率为全价的9％,这里的全价是指价税合计额。

2.1.4　操作步骤

2.1.4.1　差旅费报销流程启用

　　在开始走业务流程之前,每个组一定要保证与差旅费用相关的规则已经设置好了。现在必须先检查 2 个方面的内容。第一个内容就是回到共享中心规划与建设里面去看看相关的中心规则是否已经做好。回溯共享服务规划设计阶段,以系统管理员的身份进入 NCC 轻量端,确认每个工作组的规则是否已经做好,尤其是费用组的规则。如此,后期再走业务流程的时候,只需要费用初审就行。系统管理员需观看费用初审组的规则是否做好,如果没有,就点"新增"做好,如果已经做好了,系统管理员就可以继续往后确认第二个内容了。第二个内容就是确认与费用共享有关的工作流程是否做好,如做好是否可以启用。只有系统管理员才能进入 NCC 重量端进行查看和启用工作流程。以系统管理员身份进入 NCC 重量端以后,在"动态建模平台—流程管理"中,进入"工作流程定义—集团"里面并找到"费用共享"工作流程。因为费用共享的单据规则主要是要做主报销单,所以打开主报销单旁的"+",找到"差旅费报销单",点"启用",便能看到"差旅费报销单"的单据类型是"主报销单"。通过颜色变化可以确认是否启用成功。双击打开这个工作流程,可以看到工作流程涉及的岗位角色和岗位工作如图 2-11 所示。

检查完以上 2 个内容之后,就可以做费用共享的差旅费报销了。系统管理员可以把这个窗口关闭掉。所有组员回到费用共享项目的"08 场景——差旅费报销业务"里面的构建测试里去做任务,由销售员开始在轻量端发起差旅费共享流程。

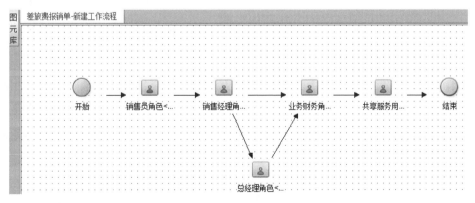

图 2-11　差旅费报销单工作流程

2.1.4.2 销售员填写差旅费报销单

接下来,协作处理 1 次差旅费报销业务。发起差旅费报销的是需要报销的具体工作人员,本实训业务里面的报销员是销售员李军。李军拿着他的各项发票去报销,总共需要报销处理 2 项出差业务。一项在财务共享实训系统里叫作用例 1,用例 1 中有 3 份报销内容:第一个内容是他在北京的 275 元住宿费;李军的往返火车票是他第二个要报销的内容,来回都是 309 元,一张是 7 月 8 日从郑州到北京的,另一张是 7 月 9 日从北京到郑州的;第三个内容是他乘坐出租车的机打发票,他在北京打了 2 次车,一次是 36 元,另一次是 42 元。李军持这 3 个内容的原始凭证去找在集团总部的业务财务,由业务财务把这些原始凭证一起汇总建档,扫描件被审核后会自动传送到共享中心,由共享中心工作人员审核和打款给李军,并且记账。

首先,以销售员身份登录 NCC 轻量端,点"差旅费报销单",进入"差旅费报销单"的填写页面,其中带红色"＊"号标的都是必填项,先填表头部分,单据日期是报销日期,即"2019 年 7 月 10 日",收支项目点"参照"按钮再选"销售费用—差旅费"。报销事由填"差旅费报销",单位银行账户选择中国工商银行的第二个以 8310 结尾的支出户,结算方式填"网银"。接下来,填写表体部分的交通费用,交通费用分成 2 种:一种是来回的火车费用,另一种是在北京打车的费用。因此,第一行日期填"2019 年 7 月 8 日",出发地点填"郑州",到达地点填"北京",交通工具填"火车",含税金额填"309",税率填"9%",税额会自动算出来。点"增行",第二行日期填"2019 年 7 月 9 日",出发地点填"北京",到达地点填"郑州",交通工具填"火车",含税金额填"309",税率填"9%",税额自动算出来,到达日期都是当天。点"增行",第三行日期输入"2019 年 7 月 8 日",出发地点填"北京西站",到达地点填"北京铂涛酒店",交通工具填"出租车",含税金额填"36"。点"增行",第四行日期输入"2019 年 7 月 9 日",出发地点填"北京铂涛酒店",到达地点填"北京西站",交通工具填"出租车",含税金额填"42"。

然后,填写住宿费,在用例 1 中的住宿费发票上可以看到李军住的是北京铂涛酒店,花了 275 元,只住了 1 晚,税率为 6%。在住宿费用的第一行填入住日期"2019 年 7 月 8 日",入住酒店填"北京铂涛酒店",含税金额填"275",系统会自动算出来住宿天数，点“保存”就可以了。要注意的是，右上角点“影像扫描”，将 3 个内容的发票进行扫描并保存进去即可。再点“保存”，审查无误后点“提交”。

最后，点“更多—联查审批情况”，就能看到里面的审批流程图了，销售员做好之后现在已经提交了（呈蓝色），那么下一步就是由销售经理来操作（呈红色）。如果这次报销的费用超过 5000 元，那么还需要找总经理审批；如果没有超过，则由销售经理直接审批就可以了，之后再进入业务财务审批环节，如果业务财务认为没有问题就可以提交给共享中心来处理了。共享中心处理完毕之后，报销流程就结束了。随着财务共享智能化程度的提升，除出差补贴以外的差旅费用都可以由企业直接支付，若企业已直接支付，则差旅费报销单中的多项费用将直接显示“0”，不用填写到差旅费报销单中，例如，住宿费若已经由企业直接支付，则不用填写。

最终形成的差旅费报销单如图 2-12 所示。

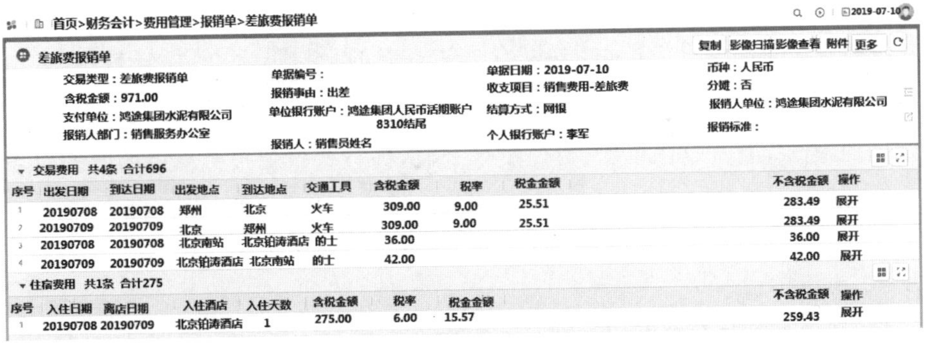
首页>财务会计>费用管理>报销单>差旅费报销单 2019-07-10

复制 影像扫描 影像查看 附件 更多

差旅费报销单

交易类型：差旅费报销单
含税金额：971.00
支付单位：鸿途集团水泥有限公司
报销人部门：销售服务办公室
单据编号：
报销事由：出差
单位银行账户：鸿途集团人民币活期账户8310结尾
报销人：销售员姓名
单据日期：2019-07-10
收支项目：销售费用-差旅费
结算方式：网银
个人银行账户：李军
币种：人民币
分摊：否
报销人单位：鸿途集团水泥有限公司
报销标准：

交易费用 共4条 合计696

序号	出发日期	到达日期	出发地点	到达地点	交通工具	含税金额	税率	税金金额	不含税金额	操作
1	20190708	20190708	郑州	北京	火车	309.00	9.00	25.51	283.49	展开
2	20190709	20190709	北京	郑州	火车	309.00	9.00	25.51	283.49	展开
3	20190708	20190708	北京南站	北京铂涛酒店	的士	36.00			36.00	展开
4	20190709	20190709	北京铂涛酒店	北京南站	的士	42.00			42.00	展开

住宿费用 共1条 合计275

序号	入住日期	离店日期	入住酒店	入住天数	含税金额	税率	税金金额	不含税金额	操作
1	20190708	20190709	北京铂涛酒店	1	275.00	6.00	15.57	259.43	展开

图 2-12 差旅费报销单

2.1.4.3 销售经理审核

销售员成功提交差旅费报销单以后，由销售经理来进行下一步的单据审批。轻量端中必须先把销售员注销退出，再以销售经理的身份登录 NCC 轻量端，此时就会看到有 1 个“未处理”单据。点“未处理”后就会看到有 1 个要求审批的单据，点开这张单据，核对内容无误后点“影像查看”，调取出来的就是之前扫描上传的原始单据高清影像，根据这些原始单据影像核对差旅费报销单填写是否正确。若差旅费报销单的内容填写无误就可以点"批准",如有误就点"驳回"。

2.1.4.4　业务财务审核

如果需要查看下一步轮到哪个岗位做事,可以在"已审核"里面把这张单据重新打开,点到"更多"里面去看"联查审批情况",就会看到下一步应该是由业务财务操作,因此在这里我们先点"注销",再以业务财务的身份进入NCC轻量端,点击"未处理"。打开这张单据,也是对照影像查看,将影像与差旅费报销单里的数据仔细对照无误过后,点"批准",业务财务的操作就结束了。同样,想要看下一步单据流转到哪里了,就到"已审批"里面点开这一张差旅费报销单,到"更多－联查审批情况"里查看单据所在位置,即可发现下一步需要共享中心来处理。

2.1.4.5　财务共享中心费用初审岗审核

确保轻量端身份注销后,再以费用初审岗的身份进入NCC轻量端,点击"提取任务",再点"待提取"。因为只有一单可提,所以感受不到共享中心提取规则的限制。打开这张单据,对照影像查看,如与差旅费报销单里的数据对照无误,就可以点"批准",费用初审的操作就结束了,下一步单据就流转到了财务共享中心出纳的手里。

2.1.4.6　中心出纳支付

如果费用审核通过,那么这单报销就是允许的,可由中心出纳支付给销售员。点"注销"之后,以共享中心出纳的身份登录NCC轻量端,点"结算",进入结算模块后,日期选"2019年7月1日至今",财务组织勾选"包含下级",选中16家水泥公司,点"查询"能查到用例1的差旅费报销单,点"支付"的下拉按钮,点"网上转账",就会显示"支付成功",那笔报销金额就成功转给销售员了。

2.1.4.7 总账主管凭证审核

费用支付成功后点"注销",以总账主管的身份登录 NCC 轻量端,点"凭证审核",进入凭证审核模块后,日期选"2019 年 7 月 1 日至今",基准账簿勾选"包含下级",选中所有单位,点"查询"就可以查到用例 1 差旅费报销单生成的记账凭证,然后双击打开记账凭证,点"审核"。生成的凭证审核如图 2-13 所示。如显示"审核成功"就表示审核完成了。参考用例 1,学生按以上步骤可独立完成用例 2 中的流程测试,但要注意用例 2 中费用超过标准后由总经理操作即可。

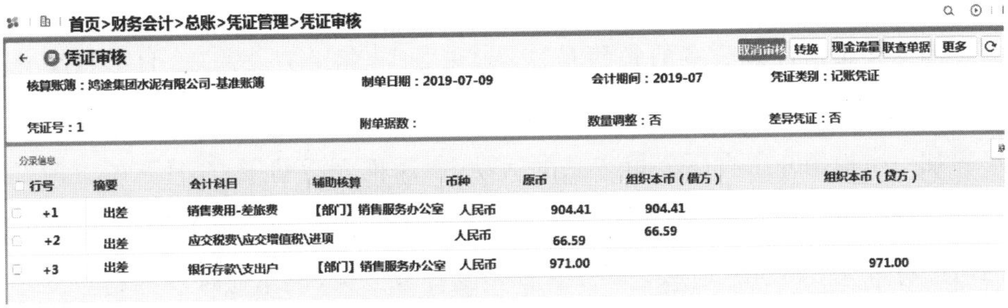

图 2-13　差旅费报销记账凭证审核

2.1.5　流程设计指导

图 2-11 是 NCC 系统重量端里差旅费报销业务的标准流程,是内置在系统中的流程。如果企业有特殊需要,可以修改标准流程或者新建一个流程。新增工作流程有 2 种方式:一种是来自模板,另一种是手工新增。不管用哪种新增或修改的方式,都要用到图元库和属性编辑器进行设置。图元库可以帮助我们选取子流程、人工活动、转移符号等,属性编辑器可以帮助我们设置人工活动或子流程的参与者类型、人工活动配置、流程活动、驳回处理方式、业务参数等。使用图元库和属性编辑器,可以帮助企业设计出全新的、具有本企业特色的业务流程规则。

例如,如果需要在"业务财务角色"后面加入人工活动"财务经理角色"的审核,则可以通过图元库加入一个人工活动,把这个人工活动放置在"业务财务"之后,再加入转移符号使前后相连,对财务经理的属性进行编辑的时候可以把名称设置为"财务经理角色(批准)",把参与者类型设置为"角色",把人工活动配置设置为"财务经理角色",把抢占模式设计为"抢占",把流程活动设置为"SSC 会计初审",把业务参数设置为"影像查看"。

2.2 智能商旅服务

2.2.1 业务概述与分析

鸿途集团销售办公室的销售员李军,在 2019 年 7 月 11—12 日去三亚出差。7 月 11 日下午 1 时李军和客户进行销售合同洽谈,12 日去当地的水泥市场参加一个推销介绍自己公司产品的活动,产品推介活动于 12 日下午 5 时结束。根据公司的《费用管理制度》,李军这次出差只能选择飞机的经济舱,住宿酒店的标准是 300 元/天/人。7 月 9 日领到任务当天,李军通过智能财务共享商旅平台完成了机票和酒店的预订服务,相关信息数据可通过财务共享平台直接获取。7 月 13 日,本次出差行程结束后,李军通过智能财务共享商旅平台就完成了报销。注意,在报销的时候,李军的市内交通费主要是指在机场和酒店之间往返发生的打车费用。

2.2.2 虚拟业务场景

2.2.2.1 涉及的岗位角色

销售服务办公室销售员——李军

销售服务办公室销售经理——王燕

董事会总经理(审批公司各类授权范围内业务)——刘金涛

财务处办公室业务财务——王玉兰

财务处办公室财务经理——王彬

共享中心费用初审岗——龚紫琪

共享中心出纳——贾萌

总账主管——郑云琪

2.2.2.2　岗位角色场景对话

2019 年 7 月 9 日

王燕在办公室对李军说:"最近有一次去三亚出差洽谈销售合同的任务派给你,那可是个好差事,顺便看看旅游胜地!"

李军:"好的,我会开心地完成任务!"

王燕:"去订票吧,回来把差旅费报销单填好给我签字,老规矩,带回你的住宿发票和交通费发票!你注意一下,普通发票在住酒店的时候是常开的,专票开票时间长,但我们企业需要专票!"

李军:"好!"

2019 年 7 月 13 日

李军:"王经理,我在 NCC 系统里填好了去三亚出差的差旅费报销单,请您审批!"

王燕:"好的,没问题,审批通过!"

李军发微信给业务财务王玉兰:"王财务,请您在 NCC 系统里帮我审批我前两天去三亚出差的差旅费报销单!"

王玉兰回复说:"我看到了,没超标准,可以报销,而且您还开了住宿费专用发票回来呢!请您把发票原件都带到我办公室存档!"

李军:"马上送到!"于是李军把相关原始单据带到王玉兰办公室,审批通过。

2 小时后,李军手机收到银行的到账短信,报销完成。

2.2.3　预备知识

2.2.3.1　未实施财务共享企业传统费控管理现状

首先,未实施财务共享的企业使用的是传统报销模式,企业员工对于费用报销的满意度非常低,因为企业员工去报销的时候,很有可能得到的一个结果就是报销金额少于该员工本次差旅事项或工作事项的开销全额。其次,费用报销在按照预算进行管理和控制的过程中,可能导致员工差旅生活或工作不便利。最后,在财务账务处理和分析的过程中低效率也有可能导致费用不能得到合理的报销,或者报销速度比较慢。实施财务共享的企业与未实施财务共享的企业相比,最大的区别就在于能够提高企业的运行效率,并改善集团的管控效果。

传统费控的业务流程,分成事前费用申请、事中费用服务,以及事后费用处理。费用的事前申请是指在发生费用事项之前向上级领导提交申请,然后由上级领导进行相关单据审批。这种事前费用申请包括对公业务和对私业务 2 种情况。大多数情况下都是对公业务,即员工为了公司或者单位的工作事项进行费用的申请,当然少数情况下也可能存在私人向企业借款的行为即对私业务。事中所提供的服务就可能存在预订和具体消费之间的区别,如果要求员工严格按照预订的金额去控制消费,可能会出现员工对工作过程的现实情况不满的情况,甚至影响工作质量。因此,除了有预订可控费用环节以外,在事中服务的过程中,还接受部分不可控费用的出现,给员工合理消费留一个空间。事后费用处理是指在员工出差、会议等事项结束以后,对员工相关的出差、会议等事项进行事后的费用报销、费用报销单审批、出纳结算、会计记账和财务分析。

传统模式下企业的费用管控存在多方面的管理问题,具体表现为效率低、管控弱、风险高和管理难 4 个方面。第一,效率低主要指的是费用报销比较慢,填报时经常出现内容不够规范,报销实现的时长比较长,财务人员服务态度不够好,这样的报销可能既不及时也不准确。而且,审批环节比较多,周期比较长,审批任务不够明确,不知道该找谁审批,驳回流程也不清晰。另外,所使用的单据需要人工校验、手工制单,耗时比较长,还容易出错。第二,管控弱主要指的是在传统模式下依靠人工进行费用管控,不确定因素比较多,也可能没有办法按预算实现。第三,风险高是指数据信息相对不太对称。在传统模式下,企业财务部门报销时所获取的原始凭证的真伪很难确定,这就是数据信息不对称。这种不对称带来的就是数据的真实性难以验证,财务风险会比较高。因此,报表的数据也可能不是最及时准确的数据,如此一来,管理的风险比较高,故高风险指的是财务风险和管理风险 2 个方面。第四,管理难指的是信息不完整导致财务管理可能不够及时,不能马上准确了解到项目费用细节,也没法动态实时观察费用发生过程。

综上所述,传统费用管控模式的弊端非常多且明显,严重阻碍了企业财务管理进程,影响了员工工作质量甚至企业绩效。

2.2.3.2　智能商旅费控模式

智能商旅服务模式是差旅管理,又称商旅管理(Travel Management Company,TMC)。智能商旅服务模式包括个人商旅服务预订和事后报销,目前能够通过 TMC 线下模式、TMC 线上模式、自建商业平台模式等 3 种不同的模式来实现。TMC 线下模式是指用单一的 TMC、电话预订和统一结算的方式来实现。TMC 线上模式也需要单一 TMC 的支持,以及与 TMC 相连 APP 的预订服务和统一结算。在自建商业平台模式下,企业会提供自建的商业平台或者外购第三方平台以供自己企业的员工使用。这种自建平台可以自发地去整合多方的资源,使得多方资源与内部系统打通,实现全流程的商旅管理服务。

智能商旅费控模式能促进内生资金管理的变革。第一个变革为从以往的月结变为月付,从以往的费用由员工垫资,转化为费用由企业垫资。第二个内生资金管理变革就是由企业自身垫资,逐渐变成由服务商垫资。如果实现由员工垫资向企业垫资转化,便能吸引更多的有能力的人才、保证业务正常开展。如果取消以往的企业垫资,而由服务商垫资,便能增加企业流动资金余额,帮助企业获得更多的无息负债。

新技术能更快、更好地带动企业商业模式创新。这里涉及的新技术至少包括 4 个方面:云计算技术,大数据技术,移动互联网技术,人工智能技术。技术变革带来的具体创新包括:社会化商业和连接协同共享服务,数字化企业和数据驱动,平台型企业和共享经济的发展,交易平台化和金融泛在化。

2.2.3.3　智能商旅费控模式的价值分析

智能商旅服务能够助力企业财务数字化转型,帮助企业成为价值的创造者。

(1)对传统费用模式的颠覆。

从企业的角度来看,传统模式下的差旅费用长期居高不下,费用管控力度比较弱,而且企业的差旅费报销制度落实起来比较困难,报销流程也比较复杂,员工的满意度也不高。鉴于以上弊端,智能商旅服务通过移动互联网,将自己的平台及报账服务连接社会各类服务资源,使企业管理层能自主设计差旅费报销管理规则,对差旅费的申请、审批、预订、支付和报销等采取全流程自动化管理模式。

从员工的角度来看,在传统模式下发生报销费用的时候,他们每次都要去填写一堆报销单据。要完成一次费用报销,还需要拿着单据到处找多位领导审批,而负责审批的领导可能经常在开会或者正在外地出差,那么这个审批流程就只能被延误。个人垫付的资金却因为报销审批不够及时而无法及时收回,这对员工来说是非常不利的。智能商旅服务可以帮助员工及时地管理个人商务旅行,随时随地向上级领导进行出差申请,也可以把各种预订活动和差旅费的报销活动都拿到线上来进行,极大地提高了工作效率。而且,在智能商旅服务模式下,员工是不需要垫付资金的,也不需要贴票(贴票报销对非财务人员来说是一件非常困难的事情),差旅保障因此而变得更加快捷,员工的满意度也会提高很多。

从部门经理的角度来看,在传统模式下,他们常常不能及时了解到费用预算执行的具体情况及费用的额度。在审核财务费用的时候,部门经理也不能及时获得合法数据或相关材料的支持。而在开通了智能商旅服务之后,部门经理能够及时审批员工差旅申请,并且实时掌握费用预算的一个达成情况。同时,部门经理还能快速地了解剩余额度,提升管理水平,提高整个部门对管理的满意度,实现管理的升级。

从财务人员的角度来看,在传统模式下,他们经常发现员工提交的单据填写不规范,在报销审核的工作中会耗费大量时间来不断地驳回。票据的审核通过比较困难,员工满意度低。如果没有实施智能财务共享,财务人员也无法及时掌握各个项目、各个部门及异地分(子)公司的费用发生情况。同时,财务人员想要落实企业的财务制度也非常困难。员工出差时发生的商旅预订费用各种各样,虽然企业有费用报销制度,但是缺乏监管。智能商旅服务能够简化财务核算工作,提高财务工作的效率,有效管理员工的差旅行为过程和差旅费用的支出细节,帮助企业优化自身差旅管理的标准规范和流程,使得差旅管理更加规范化、信息化,也能够提高企业的专业形象。智能商旅服务还能提高差旅的透明度和合规性,能够使预算规划和费用管控更快、更好地进行。

从总经理的角度来看,在传统模式下,他们无法清楚了解公司的各项费用支出是否合理,能否带来所期望的效益。费用管控中存在疏漏现象,费用居高不下,成本难以降低,而且不能按照企业内部管理的要求获取准确的费用分析数据。而智能商旅服务能够帮助企业管理者有效地了解员工的差旅行为和企业费用支出的细节情况,为企业优化差旅制度和预算规划、控制管理费用等提供决策依据。

(2)智能商旅服务建设方向。

未来,智能商旅服务建设的新方向在于打通企业商旅报账的全流程,实现费用的可视化与可控化。其具体内容包括商旅申请、行程预订、自动报账、对账开票、付款结算、核算,以及月季年报告的管理。在商旅申请方面,实现多端接入、预算控制前置和审批效率的提升。在行程预订方面,实现差旅标准的嵌入、管理服务,以及预订过程管理,形成预订过程管控,自动甄别价格最低的供应商。在自动报账方面实现自动传回消费记录、自动读取发票信息作为报账依据、自动识别发票真伪的功能。在对账开票方面,实现线上对账和月末集中开票。在付款结算方面,实现日常供应商垫付、月末统一结算功能,使员工免于垫付资金。在核算功能方面,实现多维度核算,并且自动生成记账凭证。在报告功能方面,及时生成月报、季报和年报,并且可实现内部管理分析。

(3)智能商旅服务建设核心因素。

在智能商旅服务建设过程中,需要注意的核心因素包括4个方面:第一,预订的流程要尽可能设计得简单便捷;第二,费用的结算要实现费用的差异化管理和结算周期控制;第三,系统与系统之间的对接要做到集成管理;第四,要做到公司人员组织信息的保密。

(4)智能商旅服务建设特征。

智能商旅服务建设的特征包括5个方面:一是接入的多端化,它可以支持手机、平板电脑,以及私人笔记本电脑等移动设备随时随地的接入,并且进行业务的处理。二是链接的社会化,将企业内部系统平台与各类交易平台进行连接,协同共享,这样可以使得企业商旅服务更加便利、可控。三是应用的全员化,为员工提供智能简易的应用程序,提高员工的满意度,让所有员工都享受智能商旅服务,并参与进来,为企业创造更高的价值。四是管控的智能化,通过OCR技术自动获取报账信息,能够自动验证发票真伪和查重,通过规则引擎智能管控。五是数据的价值化,智能商旅服务能获取和积累大量交易数据,提高数据准确性与实时性,再通过数据的分析,为企业带来更大的价值。

(5)智能商旅服务的优点。

智能商旅服务模式能够解决传统模式下费控管理的痛点和难点,实现管理层放心、员工顺心、财务省心。从管理层的角度来看,它可以帮助管理层看得更透明,管得更到位,审批得更有依据,使业务真实性也可验证,可以实时有效地追溯报表数据,更有力地进行风险管控,使得费用成本信息更加透明,集采议价能力得以提升。从员工的角度来看,报销周期短,满意度高,填单据变得容易,审批快、到账更快,员工不必再垫资,不用经常跑腿到处签字,也不用经常贴票,费用报销也不再受到时间和地点的限制。从财务的角度来看,智能商旅服务费控效率提升,数据变得实时有效,财务管控智能化和自动化,报表数据实时、真实、可追溯,业财一体化自动生成会计凭证发票并自动验伪查重。

(6)智能商旅服务建设新趋势。

中国是商旅消费大国,商旅成本已经成为中国企业运营管理中仅次于人力资源成本的第二大可控成本。通过智能商旅改变出行,使出行更高效,让服务更便捷,是企业商旅及报账服务发展的新趋势。这种新趋势体现在4个方面:财务服务转型,社会化商业整合,智能化报账服务,大数据分析洞察。从财务服务转型来看,在移动互联网时代,财务手工报账模式已经被自动智能化逐渐取代,大型企业财务人员的职能将从财务核算转变为服务创新。从社会化商业整合来看,企业与服务商连接更加密切,能够为员工提供更丰富的商业资源。互联互通的商旅平台,可以让员工享受到更加便捷的机票预订和出行服务。从智能化报账服务来看,通过移动互联网技术,企业能够实现云端商旅预订费用自动报账。全线上的智能化保障实现B2B的计算方式,免除员工垫付。从大数据分析洞察来看,企业获取员工商旅数据,可以实时有效地了解员工商旅出行费用支出等情况,并通过数据分析,为企业提出商旅管理建议,提升商旅管理水平,节省商旅费用。

2.2.4　操作指导

2.2.4.1　手机端操作

学生在手机上也可以订购机票,扫二维码即可(见图 2-14)。订购机票的时候要看清楚用例要求或业务概况描述:销售员李军于 2019 年 7 月 11 日从郑州乘飞机到三亚出差,12 日乘飞机返程。在手机端的操作是点"订购机票",选择郑州到三亚,去程时间选"2019 年 7 月 11 日",因为他 11 日下午 1 时就要跟客户洽谈,所以早上 6:40 起飞的这趟航班正好符合李军的工作需要。之后点"增加旅客",姓名填"李军",身份证号码输入 18 位数字(虚拟业务,随意输入 18 位即可),完成后选中"李军",点"付款"或"企业支付"。操作流程与携程完全一致。

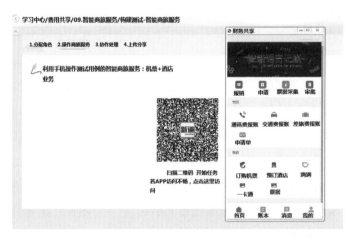

图 2-14　智能商旅手机端

接着预订返程机票,返程是从三亚出发回郑州,在手机端的操作是先点"订购机票",从郑州到三亚,返程时间选"2019 年 7 月 12 日",手机端显示这趟航班晚上 7:35 起飞,因为李军 12 日下午 5 时就要跟客户洽谈,所以晚上 7:35 起飞的这趟航班正好符合李军的工作需要。选中机票后,再选中"李军",点"付款",支付流程与去程的操作一致。7 月 11 日和 12 日,费用管控要求李军必须坐经济舱或有限定的票价,因此在预订机票时,李军在手机端不能选别的仓位(如商务舱）。返程之后,李军就可以用他手机端"常用"里的"差旅费报销"功能来填写报销明细。注意,在"差旅费报销"功能里,报销日期应该是 2019 年 7 月 13 日,原因是李军 11 日和 12 日出差,13 日才回来报销。接着点"添加报销明细",填写住宿费和三亚市内交通费。因为在手机端预订机票时已经直接与平台对接了,所以不用再填机票的费用了。

需要再填的是住宿费发票的金额和三亚市内交通费。住宿发票有 2 张:一张发票联,另一张抵扣联。2 张金额明细一样,任意选一张打开,读取到的信息是:李军只住了一晚,税率 6%,价税合计 288 元。手机端点"差旅费报账",点"添加",再点"住宿",金额输入"288",选"专票",票号"05391083"可以直接从那张发票上抄过来,也可以复制过来。如果智能平台已经实现了 OCR 自动识别,则可以通过扫描原件自动识别发票号。入住日期填"2019 年 7 月 11 日—2019 年 7 月 12 日",入住酒店填"三亚凤凰岛酒店有限公司",城市选择"三亚",税率写"6",进项税额和未含税金额会自动算出,点"保存"。继续填写目的地交通,7 月 11 日打车花了 48 元,7 月 12 日打车花了 51 元。点"添加",再点"交通",金额填"48",交通工具选"市内",出发地填"机场",目的地填"酒店",日期填"2019 年 7 月 11 日",点"保存"。再依次点"添加"和"交通",金额填"51",交通工具选"市内",出发地填"酒店",目的地填"机场",日期填"2019 年 7 月 12 日",点"保存"。

如果李军需要检查报销单明细,还可以及时点开"差旅费报销"进行修改。检查无误后,李军依次点"全选""确定""提交"即可,提交后销售员登录 NCC 轻量端,打开"差旅费报销单",便可看到自动生成的一张差旅费报销单,里面包括以上在手机端中填好的数据。如果机票和酒店费用由企业直接支付,那么差旅费报销单中机票和酒店费用皆为 0。

2.2.4.2 NCC 轻量端操作

(1)销售员提交报销单。

以销售员的身份进入 NCC 轻量端。(注意:如果右上角跳出提示内容——"没有这个权限",那说明上一次操作后没有点"注销"。注销掉重新再点销售员头像,进入 NCC 轻量端即可。)点"待提交",就会看到刚才在手机端曾经提交过的那张差旅费报销单,可以点开蓝色字体行仔细观看,扫描补充需要的原始凭证,已有数据是从手机端直接传过来的,尤其是机票信息,智能商旅服务中的收支项目、结算方式、单位或个人账户信息等就不需要销售员填了,已经全部由手机端传递数据过来,交通费用和住宿费用也是如此。若发现有错则可以修改,单据日期必须改为 2019 年 7 月 13 日。这笔业务费用是在 7 月 13 日发起报销的,注意报销日期填写 2019 年 7 月 13 日。这笔业务费用比之前差旅费用多出每天 60 块的出差补贴。点"提交"之后,点开"更多—联查审批情况",发现跟之前差旅费报销场景流程是一样的,因为智能商旅通过移动端自动生成一张差旅费报销单并传递到轻量端,差旅费报销单审批流程不变。

(2)销售经理审核。

销售员成功提交差旅费报销单以后,由销售经理来做下一步的单据审批。因此,先把销售员的身份注销退出,再换成销售经理的身份登录 NCC 轻量端,这时就会看到这里有 1 个"未处理"单据。点"未处理"后就会看到有 1 个要求审批的单据,点开这张单据,核对内容无误后就可以点"批准",如果有误就点"驳回"。

(3)业务财务审核。

在"已审核"里面把这张单据重新打开,点"更多—联查审批情况",就会看到下一步应该由业务财务审批,因此先点"注销",再以业务财务的身份进入 NCC 轻量端,点"未处理",打开这张单据,审核无误后点"批准",此时业务财务操作结束。在"已审批"里面,点开这一张差旅费报销单,点"更多—联查审批情况",可以看到单据流转位置。

(4)财务共享中心费用初审岗审核。

同样,先点"注销",注销之后,以费用初审岗的身份进入 NCC 轻量端,点击"提取任务",再点"待提取"。打开这张单据,审核无误后,点"批准",费用初审的操作就结束了,下一步单据就流转到了财务共享中心出纳处。

(5)财务共享中心出纳支付。

如果费用审核通过,那么这单报销就是允许的,故由中心出纳支付给销售员。点"注销"之后,以中心出纳的身份登录 NCC 轻量端。点"结算",进入结算模块,日期选"2019 年 7 月 1 日至今",财务组织勾选"包含下级",选中 16 家水泥公司,点"查询"就可以查到本案例的差旅费报销单,然后点"支付"的下拉按钮,点"网上转账"。显示"支付成功"就表示该笔金额已经转入销售员李军的账户。

（6）总账主管凭证审核。

完成费用支付后注销身份，以总账主管的身份登录 NCC 轻量端，点"凭证审核"，进入凭证审核模块后，日期选"2019 年 7 月 1 日至今"，基准账簿勾选"包含下级"，选中所有单位，点"查询"就可以查到根据差旅费报销单生成的相关记账凭证，双击打开记账凭证，点"审核"。显示"审核成功"后即可退出。

2.3 专项业务——市场会议费用报销业务

2.3.1 专项业务简介与流程分析

2.3.1.1 专项业务费用简介

专项业务报销与前文的差旅费零星报销不同，它是一种专门的、金额较大的、次数较少的业务报销。虽然这类业务在企业零星报销过程中会发生，但是因为这类业务涉及金额比较大、发生次数比较少，所以企业在实际操作中可能会专门针对这类业务或者这项业务进行一次性资金的预算划拨，规定专款专用。因此，以后只要涉及这项业务的报销，都是在这笔预算资金里面去进行报销。这就跟前一节的智能商旅及差旅费零星报销有较大差别，差旅费零星报销可能是临时发生的、难以预计次数且金额较小的，但是常常发生。而专项费用报销是能够预见到的、发生次数较少的，但是一笔金额可能相对比较大的，因此专项费用报销的主要特征在于，它是一种专款专用的业务报销。

专项业务费用在各个单位都可能存在，包括国有企业、股份有限公司、有限责任公司、私人企业、政府公共管理部门等。它既可以称作专项经费，也可以称作专项费用。专项费用的开支范围主要包括新技术购买、员工培训费、研发费及技术应用试点费、科技咨询服务费等，对于拥有比较大规模销售部门的企业，专项费用也包括比较大型的会议费、市场开拓费等。

新技术购买也称为新技术的引进，是指企业在某一个新项目的实施过程中可能需要向外单位或者其他企业购买新的技术、新的流程、新的产品生产工艺、品牌专利等。购买品牌专利比较典型的就是购买像肯德基这种连锁品牌的经营权,而新技术或者新工艺流程的购买比较典型的就是外资技术的购买。

研发费用是指某项目在实施之前或者实施过程中,为产生一些新的工艺、流程或者技术进行消化、吸收和归纳之后得出新的技术手段、新的理论或新的方法所发生的相关费用。

在某个新项目的实施过程中,企业相关部门为了使新的技术能顺利开展,在大范围使用该项技术之前会进行一些小范围的试点应用或试验应用。新技术应用试点费是指这种试点或试验过程中所发生的相关费用。

企业在新项目实施之前会找到企业外部的技术专家,就企业该项目前期进行规划及实施过程中应该注意的事项进行相关的咨询。科技咨询服务费是指为了企业新项目的指导、规划与实施,技术专家为企业所提供的相关服务和咨询所对应的费用。

培训费主要是指员工培训费。这种费用发生在项目实施之前或者实施的过程中,即为了新的技术能够顺利应用到企业产品的生产或劳动技术服务过程中,所发生的相关的资料费、专家讲座费、场地使用费,以及参训员工的餐饮住宿、出差补助等费用。

会议费分成 2 种:企业员工零星出差发生的会议费和专项会议费。专项会议费主要是指参加国家级或国际级会议会展期间产生的费用,因销售需要发生时必须用于市场开拓或者销售目的,这种会议费通常涉及金额比较大、发生次数比较少、纳入年度专款预算、不能挪作他用,区别于企业零星发生的会议费。

市场开拓费也是销售费用的一种,但是这种费用适用于某一个特定地区的销售市场的打开,因此也是一笔专款专用的费用。

2.3.1.2 专项费用报销流程简介

本节提到的专项费用主要指专项会议费,而本节实训中提到的专项会议费重点用于市场开拓,因此本节讲到的专项费用的报销流程,就是专项会议费(用于市场开拓费用)的报销流程,要求实行预算单向控制,这是专项报销与差旅费零星报销最大的区别,也就是说,企业员工在报销的时候必须对应正确的预算项目编号来进行报销,而不能进行无对应项目编号的零星报销。需要注意的是,如果企业员工参加的市场活动、会务活动或者培训活动等属于专项活动,那么所发生的相关差旅费也是必须做专项报销的。

传统的专项费用报销流程包括:申请人先填写预算费用申请,然后提交部门主管审核,审核无误以后就进入申请的流程。如果这个项目出现了填报不准确或者金额超支的情况,那么申请人就需要重新填写申请单,由部门主管重新审核后交由总经理审核,完成之后,才可以报给财务部门去进行费用报销。

多出一个项目预算申请的审批流程,是专项报销与零星报销在流程上最大的区别。企业传统的费用报销与实施财务共享后的费用报销最大的区别还是在于报销流程。

2.3.2 虚拟业务场景

2.3.2.1 业务概述

案例企业的鸿途集团有限公司组织带领属地的子公司去参加一个会议。该会议属于国家级,是中国水泥协会于 2019 年 7 月 15 日在大连举办的水泥技术及装备展览会,会务费一共是 2 万元。鸿途集团组织在大连的所有子公司参加。

集团在统一支付的前提下,要求参会的子公司按特定比例承担会务费用,故这里就涉及按固定比例分摊。这些子公司一共有 5 家,分别是大连鸿途水泥有限公司、鸿途集团京北水泥有限公司、鸿途集团金州水泥有限公司、大连金海建材集团有限公司、海城市水泥有限公司,其分摊比例分别是 30%、15%、46%、3% 和 6%。

实训案例的要求是专项费用报销流程必须先发起申请,再发起报销,因此,7 月 5 日,鸿途集团综合办公室专员开始发起费用申请,各家单位提交的费用单据经过鸿途集团综合办公室经理、总经理和业务财务审批之后就生效了,接下来的报销走财务共享流程。7 月 6 日,鸿途集团综合办公室专员发起会务费支付,支付给会展承办方白云国际会议中心。由上述 5 家公司的销售服务办公室来承担支付各家公司会务费。相关单据如图 2-15 至图 2-17 所示。

辽宁增值税专用发票 № 10645001

发票联

开票日期：2019年7月15日

| 名　称：鸿途集团水泥有限公司
纳税人识别号：91410000416067532K
地址、电话：郑州市管城区第八大街0371-82738651
开户行及账号：中国工商银行郑州分行3701239319189278310 | 密码区 | 035926＞3＞2＜0230937-8＞1*26906
374*91/ |

货物或应税劳务、服务名称	规格型号	单位	数量	单价	金额	税率	税额
会议费			1.00	18867.92	18867.92	6%	1132.08
合　　计					¥18,867.92		¥1,132.08
价税合计（大写）		⊗贰万元整			（小写）¥20,000.00		

| 名　称：白云国际会议中心有限公司
纳税人识别号：410102055956170168
地址、电话：大连市中山区港浦路3号0411-39973333
开户行及账号：中国工商银行大连支行17005122299998888894 | 备注 | |

收款人：陈易　　复核：钱程　　开票人：巩玲娜

图 2-15　会务费专用发票发票联

辽宁增值税专用发票 № 10645001

抵扣联

开票日期：2019年7月15日

| 名　称：鸿途集团水泥有限公司
纳税人识别号：91410000416067532K
地址、电话：郑州市管城区第八大街0371-82738651
开户行及账号：中国工商银行郑州分行3701239319189278310 | 密码区 | 035926＞3＞2＜0230937-8＞
1*26906 067// /42+2-72 |

货物或应税劳务、服务名称	规格型号	单位	数量	单价	金额	税率	税额
会议费			1.00	18867.92	18867.92	6%	1132.08
合　　计					¥18,867.92		¥1,132.08
价税合计（大写）		⊗贰万元整			（小写）¥20,000.00		

| 名　称：白云国际会议中心有限公司
纳税人识别号：410102055956170168
地址、电话：大连市中山区港浦路3号0411-39973333
开户行及账号：中国工商银行大连支行17005122299998888894 | 备注 | |

收款人：陈易　　复核：钱程　　开票人：巩玲娜

图 2-16　会务费专用发票抵扣联

会议费分摊表

公司	分摊比例
大连鸿途水泥有限公司	30%
鸿途集团京北水泥有限公司	15%
鸿途集团金州水泥有限公司	46%
大连金海建材集团有限公司	3%
海城市水泥有限公司	6%

制单人：谭定珍　　　　批准人：杨天波

日　期：2019年7月7日　　日　期：2019年7月8日

图 2-17　各公司会务费分摊规则

2.3.2.2　涉及的岗位角色

综合办公室专员——谭定珍

综合办公室经理——杨天波

董事会总经理——刘金涛

财务处办公室业务财务——王玉兰

财务处办公室财务经理——王彬

共享中心费用初审岗——龚紫琪

共享中心出纳——贾萌

总账主管——郑云琪

2.3.2.3　岗位角色场景对话

2019 年 7 月 5 日

杨天波在办公室对谭定珍说:"最近中国水泥协会会在大连举办一次会议,可以组织在大连的各子公司销售办公室参加,建议他们多搜集市场信息并与水泥协会的相关人员多接触,以便为公司拓展市场!另外,还需要大连参会的子公司分摊参会费用,你先打电话给水泥协会问问大概费用。"

谭定珍打电话咨询水泥协会后,告诉杨天波:"我们集团在大连一共有 5 家子公司,分别是大连鸿途水泥有限公司、鸿途集团京北水泥有限公司、鸿途集团金州水泥有限公司、大连金海建材集团有限公司、海城市水泥有限公司,总计费用 2 万元,分摊比例在公司云会计系统平台里已有规定,不用我们计算,那我现在是否开始发起申请?"

杨天波:"你打好申请后提交,我来审核!"

谭定珍:"好!"

谭定珍打电话给刘金涛总经理:"刘总,我们有一个专项会议费申请,您是否知晓?需要您审核通过!"

刘金涛:"好的,杨经理已经在公司中层会议跟我说过这个事了,审核通过!"

2019 年 7 月 6 日

谭定珍:"杨经理,我在 NCC 系统里填好了去大连参会的专项会务费报销单,请您审批!"

杨天波看过后说:"好的,没问题,审批通过!"

总经理审核通过。

谭定珍发微信给业务财务王玉兰:"请您在 NCC 系统里帮我审批我们集团的专项会议费报销单!"

王玉兰回复说:"我看到了,没超预算标准,可以报销,请您把发票原件都带到我办公室存档!"

谭定珍:"马上送到!"于是,谭定珍把相关原始单据带到王玉兰办公室,审批通过,并再由王彬审批通过。

2 小时后,财务共享中心审批通过并予以报销。

2.3.3 预备知识

2.3.3.1 财务共享现状

案例企业中,集团和分(子)公司的专项费用报销都是由业务员提起申请,再经过业务经理审批之后,提交到结算会计那里进行审核,结算会计审核之后,最后由财务经理审核通过。

专项费用报销的现有流程分以下几种情况。

情况一:在有的分(子)公司中,由业务员提交通用报销单,再由分(子)公司业务经理审批,传给结算会计审批,然后由分(子)公司财务经理进行审批,最后由分(子)公司的出纳来进行支付。

情况二:由部门经理来发起申请和报销,再由总经理对申请和报销进行审批,然后由集团副总裁进行审批,最后由集团总裁或者董事长对申请单和报销单进行审批。审批流程按金额大小有所不同,1 万元以下只要由部门经理来进行审批就可以了,1 万—3 万元之间由总经理来进行审批,3 万(含)—5 万元之间由集团的副总裁进行审批,5 万元及以上就必须由集团总裁或董事长审批。

情况三:业务员发起报销,由部门助理对相关信息进行及时扫描上传,在填制通用报销单并经部门经理审批之后,再传给结算会计审批。如果审批不通过,那么流程重新走过;如果审批通过了,符合预算,那么再由财务经理来进行审批,之后就由出纳来进行支付和报销,这是子公司的一种情况。

情况四:金额在2万元以下的由部门经理提交申请单和报销单,然后由总经理对其审批就可以了,这是比较简单的一种情况。

可见,案例企业的报销流程非常复杂,各个分(子)公司的报销过程都是不一样的,甚至业务审批过程都不一样,因此急需通过财务共享来进行报销流程的统一。

2.3.3.2 财务共享专项会议费报销新流程

实施财务共享之后,专项费用报销的新流程与旧流程的区别主要在于成立了新的财务共享中心,财务共享中心里面的报销流程统一了之前所有分(子)公司不同的报销方式。实施财务共享之后,专项会议费用的报销都是在提交给费用审核岗审批之后,由中心出纳直接支付,最后由总账主管去做账。

专项会议费报销在财务共享中心的流程与零星报销的流程看似没有太大区别,却实现了集团与各个分(子)公司的报销过程与记账规则的统一。

专项报销与零星报销流程上最大的区别是专项费用项目预算申请的审批,并非财务共享中心的业务范围。具体而言,传统的报销流程与实施财务共享后的报销流程最大的区别在于费用报销的凭藉由传统的分(子)公司财务部变成了财务共享中心。传统报销中,首先是由部门经理进行审批,再交由 CFO 或者 CEO 进行审批,最后由所在分(子)公司的财务部门的出纳划拨报销费用;而财务共享中,各分(子)公司或集团审批完成后,交由财务共享中心再次审批,并由财务共享中心出纳划款。

2.3.3.3 相关分录

借:销售费用——会务费

应交税费——应交增值税——进项税额

贷:银行存款——支出户

会计学的相关知识点就包括记账凭证的分录,以及涉及的相关税费。首先我们记账凭证里面的主要科目包括销售费用和银行存款。因为这是一次支出，那么贷方银行存款就会减少，所以贷方科目是银行存款，代表银行存款减少，而这是从银行户头的支出账号里划出款项的，因此明细科目是支出户。借方就是记录销售费用的发生，因此这里的借方是销售费用——会务费，贷方是银行存款——支出户。另外，会务费发票是有进项税抵扣联的，因此在这里借方销售费用的金额应该扣除掉进项税额部分，而另加一个借方科目就是进项税额。这2个部分金额都可以从发票上面读取出来，即进项税和会务费用的金额，是可以在发票上读取的。而银行存款金额是这一次的总支出。关于如何读取发票记账，可以在线下实训课堂咨询任课老师。

2.3.4　操作指导

2.3.4.1　费用申请单与通用报销单工作流程启用

实训案例要求处理一次市场会议费用报销业务，属于专项费用报销。这种专项费用在 1 年以内可能只会发生几次，但是必须专款专用，也需要预先提出申请。智能商旅服务和差旅费服务都非常零星，经常发生，无法预先控制，但专项费用控制会做得相对严格，每一次报销额度都会进行严格的预算控制，要做到预算申请里面。

首先分配角色，学生商讨领取新的角色，请组长分配角色到对应组员的头像下方。在演示视频中，教师会将所有角色都分给自己。需要再次说明的是，有些岗位不能由同一个人做，例如实务工作中出纳和审核不能是同一人，教师只是做一个操作演示，各组在角色分配时要注意总账主管和中心出纳不能是同一个人。完成设置后，再点到"系统配置"里面做比较具体的专项费用报销业务流程启用。在做专项费用报销业务之前，要先做新的工作流程和审批流程的配置与启用，因此在这个业务场景中要把系统管理员需要的工作流程实现启用。以系统管理员的身份进入 NCC 重量端，选中费用管理下的"费用申请单"，点"启用"，这是第一个要启用的费用申请单的审批流程。接下来，找到"通用报销单"，同样会看到通用报销单工作流程状态是暂停状态，然后点"启用"。

2.3.4.2　费用申请单提交与审批

按照系统内置标准工作流程和审批流程来实训业务操作,会更清楚优秀企业的实务思路。首先,必须搞清楚由谁来发起申请,在实训案例中能看到是由综合办专员杨天波来发起费用申请的,因此由综合办公室专员填写费用申请单。会务费总计2万元,可以在系统"学习资源"里面的原始发票上读取;接下来需要把2万元分摊,分摊规则已经预设在系统里,直接选用即可。具体操作为:点"综合办公室专员"这个头像,选点NCC重量端登录(点击NCC重量端之后,如果出现要求登录的页面,那么不用登录,它会自动登录)。然后,依次点击"财务会计""费用管理",可以看到"费用申请单"和"费用申请管理",点任意一个进去都可以新增并编辑费用申请单。

在费用申请单里点"新增",可以编辑一张新的费用申请单。此处编辑费用申请单最应注意的是单据日期必须改为"2019年7月5日"。从实训案例中可以看出,申请人于7月5日发起了这次费用申请。部门选填"综合办公室",因为是综合办公室专员填制费用申请单,所以申请部门就是综合办公室。而部门"综合办公室"已经有了,因为系统里面已经内置了综合办公室专员的所属部门是综合办公室,所以这里直接带过来。费用申请单里带红色"＊"号的是必填项。表格中的金额先填"20000",填好后用鼠标在其他空白区域单击一下,"20000"会自动填满表头。事由按业务内容写"会议费用申请",然后对20000元进行一次性快速分摊。单击工具栏的"快速分摊"按钮以后,可以看到系统已经有一个内置好的分摊规则,点"确定"就能选用。系统就按照选定的规则,把费用分摊给5家子公司。之后,再把表格中5家子公司所属部门一一填好,都是选填"销售处——销售服务办公室"。"科目"项目选填"支出项目"里面的"销售费用——会务费"。因为业务是参加一次技术及装备展览会,目的是扩大销售,应属于"销售费用——会务费",所以这里子公司的科目都是选"销售费用——会务费"。填好全部科目,方便后期自动生成总账对应的记账凭证里的销售费用——会务费科目。完成后如图2-18所示。

完成以上步骤之后,就可以点"保存",仔细核对无误后点"提交"。提交成功之后,如果想看下一个审批人员是谁,那么可以点"审批"里的"查看审批意

财务组织：鸿途集团水泥有限公司									
交易类型：	2411		单据编号：	系统自动生成	单据日期：	2019/07/05	币种：	人民币	金额：	20000
本币金额：	20000		事由：	会务出差	单据状态：	保存/提交	审批状态：	自由	关闭状态：	未关闭
申请单位信息									
申请单位：	鸿途集团水泥有限公司		申请部门：	办公室	申请人：	综合办公室专员姓名				

	费用承担单位	费用承担部门	收支项目	金额	执行数	金额
1	大连鸿途水泥有限公司	销售服务办公室	销售费用-会务费	6000	0	6000
2	鸿途集团京北水泥有限公司	销售服务办公室	销售费用-会务费	3000	0	3000
3	鸿途集团金州水泥有限公	销售服务办公室	销售费用-会务费	9200	0	9200
4	大连金海建材有限公司	销售服务办公室	销售费用-会务费	600	0	600
5	海城市水泥有限公司	销售服务办公室	销售费用-会务费	1200	0	1200

图 2-18　费用申请单

见"，点开之后可以看到接下来会由综合办公室经理（显示为红色底色）对这张费用申请单进行审核。退出重量端后，以综合办公室经理的身份登录 NCC 重量端，点"财务会计"，从"财务会计"的"费用管理"下的"费用申请单管理"进去，点"查询"，将日期范围尽量扩大为"2019 年 7 月 1 日至今"，再点"确定"，这样就能够把那张费用申请单筛选出来了。如果审核无误，就可以点"批准"或"审批通过"。

审批时，在审批意见上写"同意"，然后点"确定"。当然，也可以查看审批意见里面的流程，下一步应该由总经理（显示为红色底色）审批，故退出后再以总经理的身份进入 NCC 重量端，依次点"费用申请单管理"和"查询"，设置日期范围为"2019 年 7 月 1 日至今"，点"确定"，筛选出来点"审批"。如果有问题可以取消审批。然后再点"查看审批意见"，下一步应该由业务财务（显示为红色底色）进行审批，故重新以业务财务的身份来打开财务的 NCC 重量端并进行查询，在"财务会计"里找到费用申请单，双击打开，点"查询"，将日期范围改为"2019 年 7 月至今"。这里完成的只是一张专项费用申请单。

2.3.4.3　通用报销单提交与审批

（1）通用报销单提交。

专项费用报销需要由综合办公室专员发起，并由其制作通用报销单。因此先以综合办公室专员的身份进入 NCC 重量端，在"财务会计——费用管理"里面找到"通用报销单"，双击进入。进入以后，点"新增"旁边的下拉按钮，之前的费用申请单已经做好了，因此只需要生成一张通用报销单就可以了。弹出的查询条件里设置日期范围为"2019 年 7 月 1 日至今"，查到之前已经做好并且已经审批通过的费用申请单,点"确定",单据日期是 2020 年 4 月 22 日,这个单据日期只能是系统当前的最新日期。如果需要修改单据日期,则应该先修改 NCC 重量端的系统日期,那么单据日期就会跟着自动修改。再填支付单位的相关信息,单位账户选填"中国工商银行"8310 结尾的账号,结账方式填"网银",供应商填"白云国际会议中心有限公司",这在发票单据里面是可以看出来的。

接下来还要填收款信息,首先是收款对象,点"供应商"旁边下拉按钮,可以选供应商,再把客商和银行账户的账号选进去,也就是选"白云国际会议中心有限公司",然后点"保存"即可。会议费用如图 2-19 所示,表体部分是直接从费用申请单那里带过来的,是不用修改的,因此,只要做好表头部分就可以点"保存"了。提交成功之后,由综合办公室经理进入轻量端对通用报销单进行审核,之后的审核流程与之前的差旅费报销一致。

财务组织:	鸿途集团水泥有限公司			
费用承担单位信息				
费用承担单位	鸿途集团水泥有限公司	费用承担部门: 办公室	收支项目: 销售费用-会务费	供应商:白云国际
报销人信息				
报销人单位	鸿途集团水泥有限公司	报销部门: 办公室	报销人: 综合办公室专员姓名	
收款信息				
收款对象:	供应商	收款人: 综合办公室专员刘个人银行账户:	客商银行账户002400136464627	

费用分摊明细					
	费用承担	费用承担部门	收支项目	分摊比例	承担金额
1	大连鸿i	销售服务办公室	销售费用-会务费	30%	6000
2	鸿途集	销售服务办公室	销售费用-会务费	15%	3000
3	鸿途集	销售服务办公室	销售费用-会务费	46%	9200
4	大连金	销售服务办公室	销售费用-会务费	3	600
5	海城市	销售服务办公室	销售费用-会务费	6%	1200

图 2-19　会议费用

(2)综合办公室经理与总经理审核。

综合办公室专员成功提交通用报销单以后,由综合办公室经理来进行下一步的单据审批。因此,先注销综合办公室专员身份,再换成综合办公室经理的身份登录 NCC 轻量端,就会看到有 1 个"未处理"单据。点"未处理"后就会看到有 1 个要求审批的单据,点开这张单据,核对无误就可以点"批准"。如果有误就点"驳回"。总经理操作同。

(3)业务财务审核。

如果要看下一步该哪个岗位做事,可以在"已审核"里面重新打开这张单据,并点到"更多"里面去看"联查审批情况",便会看到下一步应该由业务财务来操作,因此这里必须先点"注销",再以业务财务的身份进入 NCC 轻量端,此时就会看到有 1 个"未处理"单据。点击"未处理",打开这张单据,审核无误后点"批准"。如果有误点"驳回"。业务财务的操作到此就结束了。同样,想要看看单据下一步流转到哪里了,就到"已审批"里面点"开通用报销单",到"更多—联查审批情况"中就能看到单据流转情况。

(4)财务共享中心费用初审岗审核。

先点"注销",注销之后,以费用初审岗的身份进入 NCC 轻量端,点击"提取任务",再点"待提取"。打开这张单据,审核无误后,点"批准"。如果有误,点"驳回"。费用初审的操作到此就结束了,下一步单据就转到财务共享中心出纳那里了。

(5)财务共享中心出纳支付。

费用审核通过,意味着这单报销是被允许的,因此由中心出纳支付给综合办公室专员。点"注销"之后,以中心出纳的身份登录 NCC 轻量端,点"结算",进入结算模块后,日期范围选"2019 年 7 月 1 日至今",财务组织勾选"包含下级",选中 5 家子公司,点"查询"就可以查到本案例的通用报销单,然后点"支付"旁边的下拉按钮,最后点"网上转账"。显示"支付成功"表示费用已转给综合办公室专员了。

(6)总账主管凭证审核。

完成费用支付后,点"注销",以总账主管的身份登录 NCC 轻量端,点"凭证审核",进入凭证审核模块后,日期范围选"2019 年 7 月 1 日至今",基准账簿勾选"包含下级",选中所有单位,点"查询"就可以查到通用报销单生成的记账凭证,然后双击打开记账凭证,点"审核",显示"审核成功"。

2.3.5 流程设计指导

这里的流程设计,是指专门针对通用报销单的流程设计,而不包括之前的费用申请单,因为费用申请报销环节基本上是比较固定的,即使学生或教师有创新,也都是集中在工作流定义——集团里面的"通用报销单"上。费用申请一开始由综合办公室专员来做,再由综合办公室经理来批准,最后由业务财务批准,是否需要先由业务财务批准之后再由财务经理来批准呢?如果企业认为在业务财务之后应该由财务经理批准或者在业务财务审批之前由总经理来批准，那么就可以到标准流程里面去增加一些岗位，或者干脆新建一个通用报销单的工作流程，重新设计一系列新的流程。NCC 系统里能进行新的流程设计，主要目的是便于公司执行新的管理模式。

2.4　中国国旅财务共享案例——业务驱动财务

2.4.1　公司简介

　　近年来，中国国旅集团成为财务管理绩效翘楚，财务管理模式值得中国众多企业效仿。中国国旅集团由 2 家央企合并组成，分别为中国国际旅行社和中国免税品集团。中国国旅集团是我国旅游行业的龙头企业，于 2009 年在 A 股成功上市，主营业务涵盖旅行社、商品零售、会展、签证中心、机票、车票、大卖场、旅游地产、客运、景区、物业等。各级分(子)公司总数达到 260 多家，门店和海外子公司数量在 2000 家以上，遍布全国各地，在边境口岸居多，位置相对比较偏僻。2017 年，中国国旅集团与港中旅集团实现了央企间的重组，港中旅成为中国国旅集团下属上市子公司。

　　由此可见，中国国旅集团下属分(子)公司数量众多，业务复杂且数量庞大，业财融合处理更能实现集团管控，集团实施财务共享是中国国旅集团财务管理必须迈出的关键一步。在中国国旅集团实施财务数字化转型初期，对企业财务管理现状的调查结果显示 5 个方面的特征：法人单位点多面广，业态模式灵活多变，人员管控难度大，信息系统多且杂，核算需求杂且量大。具体如下：

　　(1)法人单位在全国及世界范围内分布众多，主营业务种类在 10 种以上。

　　(2)业态模式灵活多变。旅游和零售行业市场竞争处于红海市场，业务种类多，经营模式变化大，市场瞬息万变。

　　(3)人员管控难度大。中国国旅集团员工总数多、岗位杂、流动量大，因此，财务管控的难度比较大，对应的风险系数也比较高。

　　(4)信息系统多且杂。中国国旅集团现有新系统比较多，除会计信息系统以外,还包括 B2B、B2C、C2C、小地球外联系统、签证系统、海关仓储系统、供应链、零售终端、物流信息系统、OA 等。

(5)核算需求杂且量大。中国国旅集团内外交易量庞大,合并报表的抵消能细化到单张发票或单次旅行团。非疫情期间,一个旅行社的带团数量一年能达到 100 万个,零售商品类别达到 1 万个,一个单位月单据量达到 1.5 万张,对应凭证(内含大量合并制单)在 1 万张以上,单日付款结算笔数在 1000 笔以上。

2.4.2 中国国旅财务数字化转型原因

中国国旅集团高管认为财务数字化转型主要原因包括:财务工作质量和效率有待改善,业财融合创造企业价值的集团管控体系需规划,新时代人工智能技术和数字化技术的发展督促企业财务数字化转型。关于这 3 个原因的具体解释如下。

(1)中国国旅集团财务会计工作需求。财务与会计的基本功能是服务和监督,企业管理者和员工都希望财务会计岗位的工作效率和质量可以不断提升,满足各方面的财务管理对接需求,这就是财务数字化转型的企业内部因素。

(2)中国国旅集团管控需要。企业发展要求财务管理不仅仅提供账务处理功能,还能够与企业管理者共同参与为企业战略服务、支撑经营决策并创造更大企业价值的管理活动。业财融合创造企业价值的集团管控需求,要求财务数字化转型面向业务,管控财务风险,为决策提供高效服务,为企业创造更多价值。

(3)中国国旅集团新时代技术环境需要。当今社会,云服务器支撑云计算,芯片支撑人工智能,移动互联网支持终端操作,区块链支持比特币,这些技术的不断进步,促使财务能力不断得到突破,业财融合度更高,社会资源协同作用更强。企业财务只有接受技术变革,才能适应新时代财务管理需求而不被淘汰。

2.4.3 业务驱动财务——中国国旅财务数字化转型过程

中国国旅集团自 2014 年开始实施财务数字化转型,统一了财务核算标准和财务报表体系,用商务智能(Business Intelligence,BI)系统制作了财务月报的财务统一数据展示与分析平台。中国国旅集团的会计核算标准化从此得以建立,会计信息质量和应用能力得到了显著提高。

　　会计基础得到夯实后,中国国旅集团考虑用业务驱动财务,实现业财融合,实施快速生成会计凭证,自动处理财务账务,撤除传统基础会计岗位,提高企业财务管理附加值,把财务人员从以往繁杂、重复的会计工作中解放出来,转为从事更有价值的战略财务和业务财务,实现财务数字化转型。实现业财融合以后的业务部门能够轻松快捷地获取与业务相关的财务数据,财务部门能够快速获得业务数据,使双向沟通更便捷,集团实现数字化管理后运营更高效。企业财务通过业务模式变革、管理规范化和问题导向的流程优化改革创造价值,通过业务经营间接创造价值,通过资产管理与资本运营直接创造价值,实现财务价值创造。

　　为了实现上述财务数字化变革,中国国旅集团确立将面向业务创造价值的集团财务管理体系建设作为"十三五"战略规划的一部分,要求从面向业务、管控风险、服务决策和创造价值4个方面进行财务数字化转型。2014年8月建设财务共享服务中心,2016年5月完成集团全部单位上线财务共享,历时2年。之后再借助更多科技手段建立面向社会创造价值的财务管理系统,与金税系统、银行系统,以及各大互联网平台端口对接,与社会资源协同管理,提高企业数字化运营程度和企业价值。

2.4.4　中国国旅财务共享服务

2.4.4.1　中国国旅财务共享服务中心建设背景

　　中国国旅集团高管陈文龙,是财务共享研究专家。他在多年研究财务共享的基础之上,提出了中国国旅集团实施财务共享的理念。他认为,财务共享通过提供新型财务管理模式,为企业节约成本、增加价值、集中资源,在大型集团企业中应广泛实施,当时的企业共享服务类型包括信息技术共享、人力资源共享、财务共享和金融共享等。其中,财务流程优化与财务核算规则统一是与鞍钢集团相似的处理方式,通过流程优化与核算规则统一实现将各级单位账务处理工作集中到财务共享中心进行集中处理,从而降低成本、优化效率、提高管理质量。根据美国管理会计师协会(The Institute of Management Accountants, IMA)国外数据研究机构提供的数据,实现财务共享的集团企业财务管理成本平均下降 80% 左右。

中国国旅集团面临的现实状况是业务种类和业务面不断扩大、公司规模扩张加剧、财务管理点多面广、业务类型复杂、数据量庞大,以及财务管控难度日渐增大,财务共享中心的建设对中国国旅集团来说是当下的必需。中国国旅集团通过分析自身业务分散的特点及未来发展规划,确定财务共享服务中心的建立能够优化和集中管理集团财务处理流程,提高财务管理信息质量,促进财务数字化转型。借"十三五"规划的时机,中国国旅集团提出财务转型必须面向业务,将业财融合、风险管控、为高效决策提供服务定为财务转型的目标,以价值创造为集团财务管理体系建设目标,以业务驱动财务为中心思想,实现中国国旅集团的财务数字化转型。

2.4.4.2　财务共享服务中心建设动因

财务共享中心建设动因主要体现在解决痛点、优化管理和战略转型 3 个方面。解决痛点主要分为解决业务痛点和解决管理痛点,其中业务痛点是指业务种类多、覆盖范围广、业务数量与业务种类双高、子级单位多、门店多而位置偏僻,有的甚至在边境,进而导致财务人员专业水平不同、招聘困难、财务队伍不稳定,集团统一标准化管理困难多。管理痛点是指组织和系统复杂,在境内外均有大量客户和子级单位,管理规模大,层级复杂。与鞍钢类似,集团内部现存的信息技术系统种类多,有 OA 系统、旅游服务业务交易系统、外交部签证系统、商品零售业务对应的仓储系统、供应链管理系统、零售系统和物流系统等。中国国旅集团内部管理层级多达 5 级,层级链条偏长,信息传递速度慢。会计信息系统缺乏集团统一的规划,使用了 4 套不同的硬件系统、4 套不兼容的会计核算软件、4 套仅供出具报表的不同软件,进而导致会计核算、财务报表生成、财务数据处理和资金结算都没有统一的标准,多个会计信息系统并存,要将多种信息系统同时上线、信息汇总收集的难度特别大。

中国国旅集团财务共享的实施正好可以针对以上 2 个痛点对症下药。针对业务痛点,财务共享中心可以将大量繁杂、重复性的工作进行标准化统一管理,实现各个分支机构的核算统一,这样能提供高质量、高效率的财务服务,会计为决策提供的依据的时效性、可比性和准确性更强。针对管理痛点,建设财务共享一体化系统平台,将前述各种不兼容的硬件和软件系统全部对接到一体化平台上,既能及时传送会计数据信息,又能实时进行业务核算出具报表,为高管的及时知悉和及时管理提供可靠依据。因此,中国国旅集团财务共享中心的建立一次性地解决了集团财务管理面临的2个难题。

中国国旅集团实施财务共享的第二个动因是优化管理。中国国旅集团是大型央企,财务信息及时透明是对国家各个监管部门、往来交易企业和广大投资者负责的表现。为了提供高质量、真实及时的财务信息,财务数字化转型就显得尤为重要。在建设财务共享服务中心之前,中国国旅集团的财务信息技术服务效率较低;实施财务共享后,打通了各个子级单位之间和各个部门之间的信息化联系,实现了集团企业内部各单位、各部门之间的业财一体化、信息集成和高速传输,财务数字化转型后的财务管理体系解决了信息传输问题。财务信息的自动生成、高效传输、汇总,使得集团管理效率得到优化、提升,及时满足了集团管控需要,对外部投资者信息披露更及时准确。

实施财务共享的第三个动因是战略转型。财务数字化是当前集团企业战略转型的关键步骤,财务共享是财务数字化的核心内容。作为行业龙头的中国国旅集团,为了在市场竞争中保持优势,必须对自身内外战略做出新的规划转型。中国国旅集团的产品种类在增加,服务范围在扩大,产品类型更加灵活多变,服务范围更广,与之匹配的财务管理体系必须能对这种变化做出对应的管控措施,财务管理战略规划为建设"战略财务、共享财务、业务财务"三者并存的财务管理体系。第一,借助财务共享高效率、低成本的优势,提升集团管控效率,提高集团盈利能力。第二,财务共享中心建立的虚拟平台,容纳大量端口数并发,为大量业务与财务人员提供培训,实现人人接触财务、人人懂财务,为财务数字化转型做好充分的人力资源准备。第三,帮助会计人员摆脱繁杂、重复性的会计工作,对企业资金动向最了解的他们,通过财务共享可以腾出更多时间和精力来帮助企业制订战略规划,促进业务快速运转,实现业务财务和战略财务管控。

2.4.4.3 中国国旅财务共享中心建设目标

中国国旅集团在"十三五"战略规划中提到财务转型的目标是要实现面向

业务、创造价值的企业财务数字化平台，对应的财务共享建设目标也与之一致，是"面向业务，管控风险，服务决策，创造价值"。

面向业务是财务共享中心建设的第一个目标，也是其基础目标，要求财务共享中心的打造是服务于业财融合的。应该实现业务数据与财务数据的匹配对接，业务驱动财务、财务服务业务，推动业务发展才是硬道理。财务共享中心通过细节分工、流程优化管理，梳理整合财务流程，统筹规划，更好地服务业务。与此同时，财务共享平台对接了多种财务信息系统，使信息在业务与财务之间无缝传递，避免了以往不同财务信息系统之间信息传递的遗漏和错误。业财融合后的财务共享中心业务和财务流程化同时实现，集团业务管理水平更高，财务发展真正促进业务发展。

风险管控是实施财务共享的第二个重要目标。中国国旅集团通过建设财务共享中心，将集团内各个单位的财务信息与财务职能汇总集中起来，实现集团内部财务核算标准化、流程统一化、信息输送及时化，可以帮助集团企业控制信息提供不及时、信息出错、标准不统一、报表列示不同等风险。与此同时，财务共享中心作为虚拟办公室，可以为大量不在同一地区、同一单位的员工提供培训、招聘、管理和绩效考核，对财务人员的疏漏或舞弊的管控力度也更强。财务共享中心通过对接各个单位的财务信息系统，统一核算标准和流程，实时提供报表和会计数据，将企业管理从传统的事后管理调整为事中及时管理或事前风险管控，从企业内部环境和市场外部环境 2 个方面把控风险，起到更及时地管控风险的作用。

为决策服务是实施财务共享的第三个目标。财务为企业战略管理服务主要是通过数据分析、业绩评价、前景预测等方法分析会计数据背后的业务、市场、行业、经营管理等相关信息，从而为企业管理者提供战略支持。中国国旅集团通过实施财务共享，为集团管理部门提供了标准化数据管理平台，在财务共享平台上进行业务的处理、单据数据汇集、财务数据分析，可实时提供不同形式、不同时段的财务分析报告，通过研究企业财务绩效，观察企业纵向发展水平和横向企业比对的地位，立足于国家宏观政策，评价企业财务状况与经营业绩，实现企业经营战略和总体战略的合理制订与及时调整。

价值增值是实施财务共享的最终目标，也是财务数字化转型的核心目标。

财务共享中心建成后,财务数字化进一步得以落实,帮助企业节约成本,提高效益,实现业财一体化,优化审批流程、业务流程和信息质量等。在财务数字化转型过程中,管理会计工具在集团管控过程中的深度应用,最终有利于维护集团的整体利益,实现通过财务转型让企业增值的思路。

2.4.4.4 中国国旅财务共享中心实施历程

中国国旅集团财务共享前期建设共历时 2 年左右,包括项目实施可行性研究和系统平台供应商招标阶段、实地调研和共享方案设计阶段、共享方案具体实施和平台试用阶段、逐步推广和后期改善 4 个阶段。

(1)可行性研究和系统平台供应商招标阶段。

财务共享实施的第一要点就是进行企业财务共享项目的可行性调研分析,具体包括财务共享服务中心的管理模式和服务模式的选择、实施前后可能的成本收益变化和共享组织结构设计等流程。2014 年 5 月开始,历时 3 个月,中国国旅集合所有财务部门,对财务共享实施进行了起步阶段的项目可行性调研;同年 8 月,集团召开高层会议,批准了实施财务共享的初步建设方案;同年 10 月,集团公布平台采购及项目实施的招标结果,确定财务共享信息化平台供应商及项目实施商名单。

(2)实地调研和共享方案设计阶段。

2014 年 11 月,平台供应商派项目组及实施团队正式进场工作,历时 1 个月;之后,项目组及实施团队对主营业务的代表子级单位开展调研及方案研究。2015 年 1 月,项目组完成了项目的初步规划,在规划过程中与基层单位和部门进行多次沟通以完善规划方案。

(3)共享方案具体实施和平台试用阶段。

2015 年 1 月,中国国旅集团财务共享建设项目组、平台供应商及项目实施团队完成了共享实施方案的设计,并将终稿提交给平台供应商及产品研发团队开始个性化产品开发;大约 2 个月后,平台供应商完成了个性化财务共享产品中客户开发的功能。2015 年 3 月,财务共享建设与实施团队合作,就产品实施情况进行组织沟通,吸纳意见反馈,双方对中国国旅集团核算体系、业务流程、管控系统、对外系统接口、平台上线等环节进行合理安排。2015 年 5 月,中国国旅集团组织各级单位对平台逐个进行模块测试、全流程测试等。

(4)逐步推广和后期改善阶段。

2015年7月初,中国国旅集团启动财务共享服务,先后共10个批次在各级子公司正式上线财务共享服务,历时约1年之后,集团内部各级单位和部门正式上线财务共享平台并完成异构系统之间的无缝切换。财务共享系统上线后得到各级单位的认可,财务数字化转型工作也在财务共享实施上线的过程中得以成功推进。

2.4.4.5　中国国旅财务共享服务中心建设成果

(1)实现财务管理模式扁平化和协同化。

通过实施财务共享,中国国旅集团实现了传统财务会计与信息化管理会计的融合。会计核算在财务基础的工作上往更深方向挖掘发展可能,信息化管理会计在财务管理与企业增值上往更高层面发展,财务会计为管理会计提供了基础信息与财务数据,管理会计利用财务核算产生的信息和数据进行科学管理并实现企业增值。在集团财务的领导下,共享财务纵向深挖企业潜力,发挥财务会计功能,取消传统财务制证、报表等岗位,向各级单位委派业务财务指导并审核工作,按年轮岗,共享中心对各级单位单据进行交叉复核,并由票据审核机器人再复核,检查组再到各级单位检查;共享财务设立资金中心统管各级单位资金收付工作,共享财务岗位工作主要依托财务共享平台与资金运营平台。同时,集团财务领导的管理会计往高层面发展,发挥战略财务与业务财务的功能,使业务财务实现业财一体化,利用共享中心实时数据分析经营中存在的问题,提出和落实改进措施,实时进行单据审核、事项审批。战略财务受业务财务管理,制订内控制度,统一委派、培训,定期轮岗,考核各级单位业务财务。

(2)建立三位一体财务组织架构。

中国国旅集团主要由国旅总社和中国中免集团组成,主营业务分别是旅行社和免税商品零售。这2家公司旗下各自拥有多层级的分支机构和区域经营子企业。在中国国旅集团财务共享实施建设进程中,2家大公司各自的业务和财务分别独立,业务种类多、区别大,高效统一管理比较难实现,因此在财务共享系统平台上组建了 3 个虚拟共享中心,从全集团层面,整体集中部署 1 套信息系统、1 个平台,根据各级单位汇总出的业务特点将作业池和作业组划分成 3 个,分别是集团总部中心、国旅总社中心、中免集团中心,三中心的业务流程都放在同一财务共享服务平台上运作。以上措施保证了 2 家公司的主营业务彼此不影响,却能实现有序统一。

国旅集团总社系统中心仅为国旅总社及其各地分支机构提供服务,对中国国旅的旅行社业务进行财务统一核算、审核、存档;中免集团系统中心为集团总部及各级分(子)公司提供统一核算与存档的服务;集团总部中心负责统筹作用,上述中心未涵盖到的业务由集团总部系统中心负责处理。

成功实施财务共享后,中国国旅集团将财务组织架构划分为 3 个部分:财务共享中心、管理会计中心、各级单位财务会计。财务共享中心负责各级单位经营管理中产生的各项主要收支、网络报告、资金收支结算、资金上手下支、财务报表数据、业务流程和审批流程优化等工作;管理会计中心主要负责战略与管理工作,包括全面预算、财务绩效与共享中心绩效、资产管理、资本运营等工作;各级单位财务会计依旧负责传统会计的基础环节,包括所在单位原始单据审核、档案保存、内控管理、业务财务的工作。

(3)财务人员岗位升级。

从以往的传统会计,转型升级为战略财务、业务财务与共享财务。各级单位设置的业务财务承担各级单位基础会计工作与战略规划,共享财务承担全集团账务处理和业务财务培训工作,战略财务承担全集团财务战略规划与指令,以及业务财务的指派工作。实施财务转型与财务共享服务中心的建设,将传统财务的工作进行简化,将财务人员从传统烦琐的账务处理工作中解放出来,为企业管理和业务贡献更多的力量。新型财务岗主要包括总账管理岗、资金管理岗、出纳岗、其他会计岗等。

总账管理岗能够在财务共享平台上自动生成报表,面向不同对象提供实时报表数据和财务数据分析服务,报表数据保证高效率高质量,将各级单位的总账报表岗位解放出来,让他们从事业务财务和战略财务工作,为各级单位提供更多财务管理工作而不是淹没在会计报表的编制工作中。

资金管理岗在财务共享平台上将资金归集和结算进行自动与联动支付,将各级单位资金结算人员从传统繁杂的结算工作中解放出来,使其转型从事共享中心司库管理工作。

出纳岗。减少现金交易,减少各级单位出纳人数,使其转型从事单据审核、档案管理等业务财务基础工作或共享中心银联支付出纳工作。

其他会计岗。统一财务信息化平台及中国国旅集团个性化虚拟办公室的财务共享中心和财务共享各个作业组的月例会、季例会、年度会议,以及定期轮岗、培训等机制,将其他会计人员逐步培养成熟悉各类业务、具备集团管控能力的复合型人才,然后择优委派到业务财务、战略财务的岗位中,为集团各个财务部提供储备人才。

(4)实现业务处理流程以表页或单据流程处理。

通过逐一梳理业财融合需求,中国国旅集团把已有的全部业务设计成17大类165张业务单据,再纳入853个收支项目实现业财融合;设立1806个会计科目,通过贯彻21984个入账规则,实现从获取业务单据数据并审核,再自动生成会计凭证,最后自动生成报表数据的全自动业财一体化流程。又根据每张单据的单位、产品、收支项目、金额等不同组合,设置了268个工作流程和273个审批流程。实现了各类单据的录入审核成功后,自动流转和获取审批,实现了预算的自动控制与提醒。中国国旅集团财务共享中心通过数字化业务推动了业务处理的规范及关键内控,实现了管理制度化、制度表单化、表单信息化的管理目标。中国国旅集团财务共享的实施主要是为业务人员提供便捷的报账功能,为保证业务员和管理人员对平台使用的便利性,所有系统界面和业务单据都按照业务工作性质进行个性化设置。

(5)实现业财融合。

中国国旅集团在实施财务共享前,业务信息化系统达20多种,处理集团80%以上的业务;实施财务共享后通过业财一体化平台,实现了从业务系统自动读取相应业务数据,并完成电子填单,再向业务系统的同步回传与数据交互。少数未构建业务系统的单位或业务,依旧采用手工录入原始单据,单据原始附件也由业务人员通过移动终端直接扫描上传,不设置扫描岗。中国国旅集团个性化的业财融合服务,大幅提高了财务数字化效率,保证了财务信息及时、准确生成和传输,以及单据的可随时追溯,最重要的是,能够最大限度地把财务人员解放出来,为业务端提供更多的财务人力支持和服务。

(6)实现共享服务全面覆盖。

中国国旅集团实施财务共享后,基本涵盖了财务会计全部核算管理内容及部分新型管理会计内容,并且融入移动互联网终端、财务审计机器人等新技术资源在智能会计上的应用。财务共享上线子级功能模块包括网络报告、会计核算、总账报表、银企直连、多结算中心、资产管理、全面预算、移动办公等,其中收入与成本共享组业务及实时报表功能是亮点,持续追踪上线的对接平台还包括BI分析平台、票据审核机器人、智能报账系统等。

(7)建设财务数字化虚拟办公室。

中国国旅集团实施财务共享时采取了数字化虚拟办公室模式,财务共享中心只保留作业组长和少数业务组核心成员在北京总部集中处理财务业务,其他中心作业人员依旧留在各级单位担任业务财务岗位职责。作业组定期召开组内会议,讨论、研究本组工作事项中的问题及对策,财务共享中心再定期召开公司级会议,接收各个作业组长汇报本组前一工作周期中出现的问题及对策,业务财务和共享中心作业人员实行定期轮岗,通过不断轮岗实践的形式提高共享财务相关人员综合能力。不同时期的报表数据在财务共享平台能够快速一键输出,提供高质量的财务报告信息,逐步减少以往报表专人的岗位工作,将以前的报表编制专员重新培训后委派到业务财务或战略财务岗位上,使传统会计岗位逐渐转型为业务财务、共享财务和战略财务,这其实就是财务数字化转型的起点。培养战略财务和业务财务解决了共享财务集中办公遗留的诸多问题,也将大量财务人员重新转型,避免了失业。业务财务承担各级单位原始票据的初审任务,解决了集中办公的共享财务人员远程难以审核业务原始票据真实性的难题。

(8)集成多个财务信息系统。

中国国旅集团实施财务共享之前,各级单位存在多个财务信息系统,彼此之间相互独立、数据信息不能直接传输,使得业务的沟通处理难度和信息系统总运维成本加大。对标信息化统一运维的目标,实施财务共享项目时,对各个信息系统进行了新规划,具体包括:整体升级,将以往多套不相连的用友 NC 5.0 会计信息系统升级为一套集中部署的用友 NC 6.0 会计信息系统,使得信息能够相互传输;将部分不同品牌的信息系统进行替换,不管是当时使用的九恒星财务系统还是以前使用的久其财务系统,现均替换为用友 NC 6.0 财务系统进行统一管理;业务系统虽然保持不变,但开发接口通过主数据方式与用友 NC 6.0 会计信息系统进行数据传递。

建立财务共享后,中国国旅集团通过利用一整套财务共享系统,统一一个平台的业财一体化处理方式,实现了财务信息系统的高度集成化管理,使得财务共享服务中心成为集团最大的数据信息池,为财务大数据和商业大数据分析奠定了基础,建立了强大的商业智能系统。中国国旅集团财务共享平台,能实时生成各种期间账表,还能一键合并集团及各级子公司 200 张的财务报表、附注及个性化报告,各级单位还可以根据自身业务特点设置 100 多张业务分析报表模板以随时调取数据,满足管理会计需要。中国国旅集团实现了账表、会计资金、核算预算、结算预算、业务与财务的一体化,为财务数字化转型奠定了基础。

中国国旅集团财务共享统一采用用友 NC 6.0 会计信息化系统,建设了UAP 平台、财务共享服务平台、总账模块、固定资产模块、报表模块、合并报表、在线报销、资金管理(含多个结算中心、资金上收下支、账户管理、资金结算、内部存贷款、现金管理、银企直联)、全面预算、财务分析、移动应用等系统,与 B2B 系统、用友 NC 5.0 供应链系统、旅游业务管理系统、免税店门店系统等进行对接和数据传输,实现了从业务单据、财务审核核算到资金集中支付的流程管理。

(9)多端应用同步化。

财务共享系统平台针对不同的用户,分别以电脑网页端、系统端和移动互联网端 3 种形式展现。电脑网页端主要供业务人员及业务审批、管理人员使用,具有系统界面简洁个性、操作简单、自控性强、对终端设备性能要求低、能够快速查询单据等特点;系统端主要面向用友 NC 系统管理员和专业财务岗位人员,具有强大的数据处理能力、简便的系统维护、与其他系统之间兼容性强等特点;移动互联网端包括移动手机审批功能和高速扫描仪扫描功能,具有与众多不同终端兼容性强,操作简易高效,信息提醒功能、扫描便捷等特点。财务共享平台保证了对于不同岗位人员尤其是各级业务岗位人员和主管人员简单易学和日常使用便捷。

2.4.4.6 中国国旅财务共享中心建设价值

(1)实现财务管理变革。

中国国旅集团财务共享服务中心的建立推动企业财务管理模式的变革,促进会计工作更好地融合管理会计,促进财务岗位的转型,以及业务财务岗、共享财务岗和战略财务岗的协同发展,有助于财务数字化转型目标的落地。

(2)有效监督,管控成本。

财务共享服务中心能够及时、客观、准确地反映企业财务状况、经营业绩等内部管理数据,是企业内部进行监督管控、成本节约、预测、决策、企业增值的重要环节,能够帮助中国国旅集团有效地进行财务管理。

(3)集团管控力度提升。

财务共享服务中心实现了核算标准统一、财务机器人审核与做账、票据机器人管理票据、流程自动化、业财一体化、报表一键输出化,帮助中国国旅集团提升管控力度。

(4)提高会计工作效率和质量。

财务共享的实施帮助中国国旅集团重新整合、培训财务岗位,多数岗位实行轮岗制,保证整体业务水平统一;集中自动派单实现随机会计业务处理,防止财务舞弊;作业组和业务员绩效采用计件式,及时统计个人工作量;实现移动办公,随时随地可接受财务服务,提高财务工作的质量和效率。

(5)实现数据驱动财务管理与企业增值。

财务共享平台收集了企业大量商务数据与动态财务数据,通过一键生成报表等功能及时为决策者提供信息资源。实时数据也能指导业务精益管理。大屏显示各类自定义看板、管理会计报告、绩效分析结果等,实时实地呈现公司全貌、业务全程信息给信息需要者,及时预警纠偏,帮助企业实现集团全范围管控。通过实时分析企业数据,动态反映并指导企业业务管理、业财融合、战略管理等。各级单位的业务财务利用数据在业务参与中间接创造价值,在资产经营与资本经营中实现企业增值。

2.4.4.7 中国国旅财务共享服务中心建设经验

中国国旅集团实施财务共享的推进过程、系统平台架构及成效,都值得其他实施财务共享的企业借鉴和参考。

(1)管理层给予支持。

中国国旅集团实施财务共享离不开管理层的全程支持,实施财务共享涉及组织结构和岗位的变化,不可避免地影响到集团内部员工的既得利益,可能会对推进财务共享造成阻碍,但中国国旅集团管理层坚定不移地推进财务共享,克服重重困难,最终使财务共享服务中心建设得到顺利推进。同时,管理层兼顾战略管理需要,保证财务共享运行方向符合企业长期发展需要。中国国旅集团通过实施财务共享实现财务数字化转型,这样管理层就可以投入更多精力在集团的战略发展上,由大数据支撑管理层站在战略高度精准指导集团的财务管理工作。总之,管理层的大力支持是中国国旅集团财务共享顺利实施和推进的关键因素。

(2)企业自身建设条件与业务定位。

鞍钢集团和中国国旅集团是实施财务共享的典型国有企业,是财务共享实施的代表。鞍钢集团财务共享案例从制造业的角度为其他企业提供了范本,中国国旅集团则是从服务业的角度成为其他企业范本。不同业务类型的企业要结合自身情况,参照相应案例来建设财务共享服务中心。中国国旅集团主营业务是"旅游服务+免税零售",集团内业务类型差距大。在实施财务共享之初,为了使财务共享服务中心能够快速落实,财务共享实施团队先将国旅总社和中免集团分开在 2 个相互独立的作业池和作业组中运行,等到相关人员对该系统和业务操作熟悉后,再打通 2 个作业池和作业组。这种逐步推进的举措,大幅减少了岗位人员的培训时间和成本,还保证了财务共享服务中心的建设及良好运行。中国国旅集团逐步实施与推进财务共享的方式考虑到了自身特有的经营模式,符合其经营需要。每个企业都有其特有的经营方式,在借鉴其他典型企业经验的同时,要结合自身特点合理吸收并改进,避免完全照搬。在决定实施财务共享之前,可以多走访几家已实施财务共享的企业,对财务共享是否应在本企业落地进行可行性分析,梳理本企业建设财务共享服务中心的重点与难点,结合本企业业务特点与平台供应商进行积极沟通交流,通过数据调研、资料整合,采用最适合本企业的实施思路,以建设出适合本企业长期发展的财务共享服务中心。

企业在实施财务共享之前首先应对自身进行合理定位以选择适当的模式,并确定本企业实施财务共享的具体变革目标和可持续发展方向。中国国旅集团在实施财务共享之前,以建立"业务财务、共享财务、战略财务"三岗协同运作的财务岗位体系为目标,并且建立统一信息化框架体系,通过参照改革目标与企业定位逐步建设财务共享服务中心。企业实施财务共享之前还要通过各级单位调研掌握单位总体情况,企业可持续发展战略也将影响到财务共享的实施,这样财务共享服务中心才能对企业发展有益,才能节约企业成本,为企业创造更大的价值。同时,财务共享服务中心可以按照企业的发展阶段推进不同的实施目标,例如,把财务核算共享实施放在靠前的阶段推进,把其他运营目标放在后期推进。

(3)会计信息化支撑。

财务共享实施要求有成熟的信息化系统作为支撑,对财务人员信息化能力要求高,如此才能使财务人员快速适应财务共享数字化运营,进入工作状态。实施财务共享之前,中国国旅集团存在使用用友旗下不同型号及其他不同品牌的信息系统的现象,统一使用困难。用友集团帮助中国国旅集团将会计信息系统统一升级为 NC 6.0 财务系统,替换了之前所有旧系统,使财务共享服务中心建立在统一的 NC 平台上。业财人员在同一平台上操作,更利于中国国旅集团财务共享服务中心的建设与运维。

信息系统潜在风险也应得到合理关注,财务共享中心是单位关注财务数据的数据池,信息系统漏洞导致的数据泄露可能给企业带来关键商业信息泄露的风险。信息系统的安全风险问题受到中国国旅集团管理层的高度重视,因此集团对信息系统进行实时安全监控,还经常对系统进行升级维护,在保证系统数据安全运行的同时,还保证系统操作流畅,作业效率高。

(4)实现以客户为中心的业财融合处理。

旅游业作为典型服务行业,其提供的服务应该让客户感到满意,这是旅游行业的基本标准。在遵守旅游行业规章制度前提下,高质量地满足客户需要,是财务共享实施时重点考虑的因素之一。中国国旅集团实施财务共享期间,重点考虑转型后的财务共享服务尤其是共享业务流程设计出的服务职能,能否按照最终满足客户需要的标准为各级单位提供高质量、高水平的财务服务,财务服务能否始终围绕着业务和客户开展。中国国旅集团作为典型服务行业,所实施的财务共享中心目标提醒了所有服务行业或服务部门,在服务业实施财务共享的核心就是注重客户需求,高效处理业务,提高服务质量和客户满意度。

2.4.5 中国国旅财务数字化转型总结与展望

面对国际化的发展趋势,集团只有另辟蹊径地挖掘财务管理潜力,提升竞争力,才能实现稳定发展,实现企业价值提升。过去,国有企业管理方式守旧、落后,信息化程度低,管控力度小,且管理流程容易受人为干扰,对企业可持续发展不利。中国国旅集团实施财务共享,创新了财务管理的模式,推动企业财务数字化转型,提升了企业财务管理质量和效率,为集团高质量发展提供支撑,是适合中国国有企业财务数字化转型管理发展之路的代表。

面对人工智能、物联网的时代大潮,中国国旅集团在夯实已有财务数字化改革成果的基础上持续发展和创新,抓住“十四五”规划大好时机,利用更多新兴技术进行更多的创新与探索,助力中国国旅集团向数字化企业转型。

3 采购共享

3.1 备品备件采购共享

3.1.1 业务概述与分析

3.1.1.1 采购业务简介

采购业务是指购买企业所需要的原材料、备品备件、半成品、完工产品、大型物资等生产销售需要的实物或者接受外单位提供的劳务,并且在购买的同时或者之后支付款项等相关活动的行为。与采购相对应的活动就是支付款项,而这个款项如果发生了延期行为,那么就形成应付款项,因此,采购与应付管理是密不可分的业务活动。采购的概念主要从2个方面去理解:第一,采购标的或者对象一般是以原材料为主的物资,或者是接受外单位提供的劳务。第二,采购必须要支付与所采购的对象相对应的资金或者款项,这种款项和明细可以体现在合同及发票上。

根据采购对象金额的大小,常见的采购业务可以分成3种类型:大宗物资采购,一般物资或者劳务采购,小额零星物资采购。大宗物资采购,包括采购主要原材料、辅助材料、包装物、水电气、商品等。一般物资或者劳务采购,主要是指采购较大型的设备,这种类型采购次数比较少,但金额比较大。相比大宗物资采购,一般物资或者劳务采购的数量比较少,但一次性金额较大,而大宗物资采购数量较多,一次性金额也会比较大。小额零星物资采购一般是指工厂里所使用的一些周转材料或者管理部门用到的办公用品的采购,价值比较低,一次性采购的数量也比较大,但采购的次数比较少。本教材的实训案例企业,将采购物资分类为 A、B、C、D 4 类物资,这 4 类物资按照采购数量的多少进行排序:A 类物资的采购数量最多,全年采购次数最多,采购金额也是最大的,具体包括原煤、熟料、石膏粉、煤灰、其他混合材、水泥助磨剂、水泥包装等,其中熟料指的是粉磨站;B 类物资相对于 A 类物资来讲,采购金额比较小,购买次数相对少一些,采购总数量相对比较少,具体包括汽油、柴油、电器材料、轴承螺栓、橡胶制品、油脂化工、建筑五金等;C 类物资相较 B 类物资采购的金额更小、采购次数更少,但是 C 类物资采购的总金额可能偶然一次超过 B 类物资,因为 C 类物资一次采购的是用量较多的低值易耗品,具体包括劳动保护用品和办公用品等;D 类物资采购次数极少,但是采购金额相对比较大,典型的 D 类物资就是大型的通用设备备品备件。A 类和 B 类物资采购都属于大宗物资采购,C 类物资采购属于小额零星物资采购,D 类物资采购属于一般物资或者劳务采购。

采购业务的过程被纳入企业的相关管控行为,这就叫采购管理;采购业务所对应的后续的支付活动被纳入企业的内控管理和财务管理,这一系列活动就称为应付款管理。

在采购业务进行过程中所实施的采购管理,可以是线下人工管理,也可以是线上系统管理。线上系统管理是现代多数企业所使用的方法,可以实现权限的赋予及相互牵制,也可以实现单据的无缝传递审批,如申购单、合同、发票等。而应付款管理活动也是存在较多单据需要传递审批的,如发票、应付单、付款单等,在单据传递过程中也可以实现权限的赋予与牵制。

案例企业采用的是集团统管总体采购与子公司自主采购相结合的方式,也就是说主要有 2 种采购方式:一种是集团统管总体采购,另一种是子公司自主采购。集团统管的采购主要针对 A 类和 B 类物资,因为它们都属于大宗物资采购,金额较大。而子公司自主采购主要针对 C 类和 D 类物资,其中 C 类物资因为比较小额零星,所以可以划给子公司自主采购,D 类物资由于采购次数较少也可以直接划给子公司。集团统管采购物资时,需要先确定入围的年度供应商,要求供应商与案例企业签订合同,保证供货价格不会高于市场平均价,而每家子公司在进行采购的时候必须在年度供应商名单范围内进行选择,还要先进行询价、比价,再进行采购,而其他统管物资的采购都由集团统一招标,确定好物资供应商,统一签订集团采购合同,然后各个分(子)公司按照采购合同的内容直接下单订货。涉及具体管理的时候,有些物资的采购合同可能不会从NCC系统走,但是大宗物资采购是在NCC系统的后端,也就是重量端来进行控制与管理。因此,在签订大宗物资采购合同条款时,可能存在合同执行、合同监管的问题,大宗物资采购合同必须采用NCC进行有效管控。

3.1.1.2 采购业务流程

采购业务的典型流程一般以采购合同起步,在企业与企业或者企业与单位之间签订采购合同之后,采购方就可以按照采购合同的内容,向其他企业即供应商下订单。对方单位收到订单之后开始准备发货,而案例企业收到货之后就进行入库验收,之后再由供应商开出相关的发票(或随货到票),案例企业取得发票之后,根据发票来进行付款,到此采购结束。

案例企业作为采购方所取得的发票,在财务系统里面,应该录入为采购发票。而供应商作为销售方所开出的发票则称为销售发票,也就是说这里供应商的销售发票与采购方的采购发票是同一内容。因为发票是案例企业因采购目的而取得的,所以称为采购发票,录入集团财务系统中。

案例包括2种极端,一种是经常采购且金额较大的A类物资,另一种是采购次数少但是金额比较大的D类物资。由于D类物资采购流程较简单,下面我们先介绍D类物资的备品备件采购共享实训。

在执行备品备件的采购过程中,必须仔细查阅本企业的供应商管理制度要求明细。在招标过程中,首先对供应商的资质进行审查,审查符合标准之后就可以与符合资质的供应商签订合同。合同签订完成后,企业根据库存需要,按照合同内容直接下订货单。挑选供应商时的考核目标,大多数企业和案例企业是一样的,都要对供应商所提供的货品的价格、质量、自身的信誉度、所提供的售后服务质量及定期交货的能力进行评估。

下单采购完成后,购进物资交由库存管理部门来质检。质检完成且无误后,将货品验收入库。验收工作由仓库管理员完成,要求仔细核对货物型号、数量及质量,确认无误后完成入库。发货之后或发货同时,供应商还必须开具增值税专用发票交给案例企业,税额进项可抵扣。案例企业取得发票后,在系统中录入为"采购专用发票"。然后,按照采购部门领导和财务部门领导的审批意见来进行记账。会计主管再次进行核对,填写入库单、进行付款。

　　案例企业的标准采购流程如图 3-1 所示。采购是由供应处办公室发起的,由供应处办公室的采购员在 NCC 系统中录入采购订单并提交,由采购经理在 NCC 系统中审批采购订单并提交。下一步是完成采购订单业务流程之后货品验收入库。当供应商发货过来之后,首先由采购方供应处仓库接管货物,仓管员根据之前的采购订单和拿到的送货单录入库单。入库单录入之后,这个业务流程就结束了。接下来是应付挂账,由财务处办公室进行付款操作,首先由存货管理的会计人员如成本会计或者财务会计,在 NCC 系统中录入并且保存采购发票,自动生成应付单,需点击提交。应付单提交之后,经财务经理审核,由总账会计最后进行记账凭证的填制和审核工作,那么这个财务流程就结束了。

图 3-1　标准采购流程

3.1.2　虚拟业务场景

　　2019 年 7 月 1 日,案例企业鸿途集团①由采购部的采购员提出物资采购需求。相关的请购信息是需要采购公制深沟球轴承 100 个,目标供应商提供的单

---

　　①　鸿途集团与东莞市大朗昌顺五金加工厂均为虚拟企业,下文涉及的企业地址、合同、纳税人识别号等信息均是虚构的。

价是 1130 元。目标供应商为东莞市大朗昌顺五金加工厂。

2019 年 7 月 10 日,这批公制深沟球轴承到货由库管员检验并入库。送货单如图 3-2 所示。采购发票(见图 3-3 和图 3-4)是随货同到的。另外,从发票上可读取到的供货单位信息包括:单位全称为东莞市大朗昌顺五金加工厂,纳税人识别号为 64567979281938208 4,地址为东莞市大朗镇美景中路 65 号,联系电话为 0769－22620821。供应商开户行为中国工商银行东莞大朗支行,账号为 345509021300934560。

2019 年 7 月 15 日,案例企业通知财务共享中心完成该笔款项支付。

送　货　单

出货日:2019年7月6日
客　户:鸿途集团水泥有限公司
地　址:郑州市管城区第八大街经北一路136号
电　话:0371-82738651
联络人:范海亮

品　名	规格	数量	单价	金额	发票号码	备注
公制深沟球轴承	个	100	1130	113000	02974371	
				0		
				0		
				0		

附注:如有问题请于收货三日内,电洽业务单位

单位主管	业务人员
袁世宇	于俊轩
送货员	签收人
叶丽雯	罗成

图 3-2　送货单

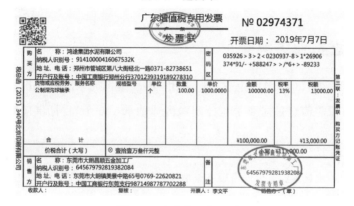

图 3-3　采购发票发票联

图 3-4 采购发票抵扣联

3.1.3 预备知识——相关单据知识

供货单位随货送来送货单和发票,案例企业收到的增值税专用发票一共有2联,分别为发票联和抵扣联。案例企业作为采购方根据收到的增值税专用发票联,在 NCC 系统中录入采购专用发票。由于案例企业所购买的是货物,为此承担的进项税是可以抵扣的,因此除了发票联以外,还会收到一联叫作抵扣联。案例企业与税务局进行进项税抵扣的时候必须使用抵扣联。(增值税普通发票没有抵扣联。企业一般在购买所需货品之后,要求对方提供增值税专用发票,必须注意增值税专用发票和增值税普通发票之间开票方和采购方的区别。)由于本案例企业要求取得的是增值税专用发票,因此除了发票联以外,开票方还必须提供抵扣联。发票联是购买方财务记账时使用的,而抵扣联主要是用于抵扣进项税。

很多时候我们看到题目里面给出的单价,可能会有一点疑问:单价到底是否含税?这时,我们必须要回到发票本身去进行观察。首先,可以看到图 3-3 发票联里公制深沟球轴承的数量是 100 个,单价是 1000 元,税率是 13%,因此不含税的总金额就是 10 万元。然后,10 万元乘以 13% 算出 13000 元,那购买协议上说合计应该是 10 万元加上 13000 元,也就是说价税合计是 113000 元。换句话说,这批公制深沟球轴承的含税单价应该是 1130 元。这就是从发票中读取到的购货具体信息。

我们在读取图 3-4 抵扣联的具体信息的时候,会发现它里面的信息跟图 3-3

发票联里的信息几乎一样,唯一不同的就是发票联里面的表格的最右边那列文字是"第二联:抵扣联",然后票面清楚写着"购买方用于抵扣销项税的凭证",因此它叫作购买方扣税凭证,这就是抵扣联和发票联之间最大的区别,也就是用途上的区别。另外,从抵扣联的右上角可以看出,发票联和抵扣联的发票号是完全一样的,可见发票联和抵扣联,是由销售方也就是供货方同时开具的。抵扣联上面的字是蓝色的,是因为以前手工开具发票的时候,是用凸蓝纸夹在发票联和抵扣联之间,直接在发票联上面写字,这就会将写在发票联上面的内容直接、同时凸印到抵扣联上。总之,发票联和抵扣联是紧密联系的,它们是同时开具的,只是模板颜色不一样,作用不一样,但是表格里面的内容是完全一样的。

借:原材料——备品备件

应交税费——应交增值税额(进项税额)

贷:应付账款——应付货款

借:应付账款——应付货款

贷:银行存款——支出户

案例企业会计做账是从收到原材料开始的,借方记原材料,由于所购买的是备品备件,因此借方原材料的二级明细科目是"备品备件"。此时只是收到发票并没有付款,因此根据发票价税合计金额,贷方记"应付账款——应付货款"。辅助项应该是对应的供应商的名称。借方同时除了计入原材料的不含税单价以外,还应该在"应交税费——应交增值税额(进项税额)"科目里面计入税额。

在付款之后,案例企业会计在借方通过"应付账款——应付货款"记上付的全款。贷方写银行存款支出额度,因此贷方记"银行存款——支出户"。

3.1.4　操作步骤

3.1.4.1　备品备件采购审批流程启用

首先由系统管理员,打开 E 项目"采购管理-应付共享",因为采购管理和付款是对应的,所以采购管理和应付是对应的,是一种共享方式。接着,点击备品备件采购场景的"构建测试"去做任务,再点到"系统配置"里面,点开"系统管理员",选择"NCC 重量端"之后,就可以对动态建模平台里面的流程来进行管理了。这个时候要注意,到底应该管理什么流程。因此,必须分清楚这一次涉及的 2 种流程:审批流程和工作流程(见表 3-1)。工作流程包括应付单和付款单,这 2 个工作流程是进入财务共享中心的;但是审批流程中的采购订单、入库单和采购发票是不需要进入财务共享中心的。另外,还要注意的就是采购订单的传递审批步骤比较多,但是入库单只需要填制而不需要传递,只有采购订单、采购发票及应付单、付款单需要传递审批。在"流程管理"里面,集团的流程分成审批流程—集团和工作流程—集团,双击打开"审批流程—集团",找到采购订单,然后启用流程。找到所需流程的方法有 2 种:一种是在左上角搜索栏里面直接搜索流程名称,即在搜索栏输入"采购订单"进行搜索;另一种是直接打开采购管理里面的采购订单管理,选中需要启用的采购订单流程,点"启用"。

表 3-1   备品备件采购审批流程与工作流程

序号	名称	是否进 FSSC	是否属于工作组工作	流程设计工具
1	采购订单	否	—	审批流程
2	入库单	否	—	审批流程
3	发票	否	—	审批流程
4	应付单	是	是	工作流程

3.1.4.2   备品备件采购工作流程启用

系统管理员需要启用 2 条工作流程——应付单和付款单,因此在 NCC 重量端里面,系统管理员先双击进入"工作流程定义—集团",再双击选中运作管理里面的付款单,点"启用",然后选中应付单,点"启用"。要注意流程状态是否启用成功。如需了解应付单流程运作机制,双击该工作流程就可以看到里面已经预制好了一个优秀的典型企业的标准工作流程:由业务财务发起处理,再由财务经理审批,最后传递到共享服务中心。当然读者也可以重新设计流程。同样,如果需要知道付款单的工作流程,双击打开工作流程即可观看。

3.1.4.3   备品备件采购订单管理

接下来做备品备件采购的测试用例。由图 3-5 可以明显看出,2019 年 7 月

1日,鸿途集团采购员向供应商东莞市大朗昌顺五金加工厂提出采购公制深沟球轴承100个的需求,单价1130元是指含税单价,到货日期是7月10日。故各组长提醒采购员角色进入NCC轻量端,编辑采购订单,单击"采购订单维护",把右上角的业务时间修改为"2019年7月1日",新增"采购订单-自制",单据日期就会直接生成"2019年7月1日"。这里没有现成的请购单来生成采购订单,因此只能点"自制"。组织选填"鸿途集团水泥有限公司",订单类型选"备品备件",供应商选"外部供应商"里面的"东莞市大朗昌顺五金加工厂"。在填"体物料名称"时,应先打开"通用轴承",再打开"滚动轴承",选中"公制深沟球轴承",点"确定"之后,数量填"100",含税单价填"1130",无税单价就自动算出来了,仔细查看没有问题之后就可以保存提交了。可以在"联查"里面查看单据的审批详情或者单据追溯的情况,审批详情里可以看出下一个审批应该由采购经理(红色底色)来完成。在进行下一个流程之前,需要将当前岗位身份注销,下一步由采购经理进入NCC轻量端,对采购订单进行审批。

图3-5　备品备件采购订单

3.1.4.4　备品备件采购入库单管理

2019年7月10日,100个公制深沟球轴承到货了,需要验收入库。此时需要做备品备件采购入库单。(如果系统提示没有权限,那么是因为上一个岗位没有点注销,通过右上角注销后转用新岗位进入轻量端,就不会出现权限的问题,若再出现问题可向教师求助,教师端可清空之前岗位的权限占用。)以仓管员的身份进入NCC轻量端。新增一个采购业务,把业务日期改成"2019年7月10日",依次点击"新增采购入库"和"采购订单",单位选填"鸿途集团水泥有限公司公司",查询日期改为"2019 年 7 月 1 日—7 月 31 日",点"确定"查到了上一步生成的采购订单,点右下角的"生成入库单"。生成的入库单里的仓库需要选"备品备件库"。点右上角的"自动取数"就可以生成表体的实收数量,之后点"保存",采购入库单的流程结束。完成后如图 3-6 所示。

图 3-6 备品备件采购入库单

3.1.4.5 备品备件采购发票管理

接下来由业务财务做备品备件采购发票。2019 年 7 月 10 日,采购发票也随货同到,业务财务按照采购发票的内容在 NCC 轻量端进行录入。具体操作如下。首先在"协作处理"中找到业务财务的头像,点开头像,再选点"轻量端",点"采购发票维护"以后,先把右上角业务日期改为"2019 年 7 月 10 日",之后点"新增",再点"收票",然后选点"采购入库单"。结算财务组织选填"鸿途集团水泥有限公司",时间选择"2019 年 7 月 1 日—7 月 31 日",然后点"查询"就可以查到我们想要的这张入库单。勾选这张入库单,点击右下角的"生成发票",就能生成一张有具体信息的发票。生成发票之后,可以发现发票上的日期是 2019 年 7 月 7 日。但票到日期就是收到发票的日期,即发票随货到的日期,应该是 2019 年 7 月 10 日。接下来仔细核对无误后就可以保存提交,这次采购发票管理维护流程结束。完成后如图 3-7 所示。

图 3-7　备品备件采购发票

3.1.4.6　备品备件采购－应付单管理

采购环节的应付单由采购发票直接传递生成。在业务财务里就能继续往后做（退出后也可以重新登录继续做），应该将右上角业务日期改为"2019 年 7 月 15 日"，再点"应付单管理"，此处应付单已经随同发票生成，只需要搜索出这张应付单进行审查后提交即可。可以在轻量端模块中找出应付单，也可以在左上角的四叶草里面的"财务会计－应付管理"里面找出来，现成的轻量端模块其实是从四叶草中拉出来的快捷通道。点击进入"应付单管理"后，在结算财务组织处选填"鸿途集团水泥有限公司"，日期选填"2019 年 7 月 1 日至今"，点"查询"，就可以查到由发票自动生成的这张应付单，点蓝色字体打开观看，查看无误后点"提交"。提交之后应该由财务经理对这张应付单进行审核，点右上角注销之后，以财务经理的身份进入 NCC 轻量端，点"应付单管理"，将右上角业务日期改为"2019 年 7 月 15 日"，进"审批中心"，就能看到那张待审核的应付单，点开仔细审核后点击"财务经理角色【批准】"即可。可以在"已审核"里面再次找出，并点"单据详情"进行仔细观看。

接下来以应付初审岗的身份进入 NCC 轻量端，对刚才那张应付单进行审批。点开"待提取"，再点右上角的"任务提取"，就可以提取到那张应付单，打开后对其进行仔细审查，审查无误后点击"批准"。批准成功之后会在总账里面直接生成一张记账凭证，留待付款后一起由总账主管审批，或者以总账主管的身份进入 NCC 轻量端的"凭证审核"里面立即审批。完成后如图 3-8 所示。（应付单与付款单会各自自动生成 1 张记账凭证,付款单管理完成后,总账主管共审核 2 张记账凭证。)

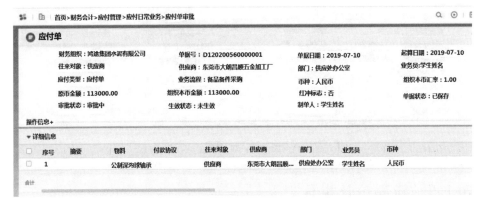

图 3-8　应付单

3.1.4.7　备品备件采购－付款单管理

现在要根据应付单生成付款单(见图 3-9),以业务财务的身份进入 NCC 轻量端来完成。进入 NCC 轻量端后,找到"付款单管理",将右上角业务日期改为"2019 年 7 月 15 日"。先点"新增",再选点"应付单",按照应付单新增付款单,财务组织选填"鸿途集团水泥有限公司",日期选择"2019 年 7 月 1 日至今",点"查询",查到应付单之后勾选,点"生成下游单据"。生成付款单之后要注意的是,付款都是通过银企直联的,因此结算方式应该选"网银",付款银行账号是中国工商银行 8310 结尾的账号,核对无误后点"提交"。接着,以财务经理的身份登录 NCC 轻量端,进入"审批中心",找到付款单,进行批准即可。

然后以应付初审岗的身份进入 NCC 轻量端,对刚才那张付款单进行审批。点"待提取",再点右上角的"任务提取",就可以提取到那张付款单,打开后对其进行仔细审查,确认无误后点击"批准"。再以中心出纳的身份进入结算里面点"支付－网银转账"即可支付成功。成功支付之后,总账里直接生成一张记账凭证,留待总账主管审批。以总账主管的身份进入 NCC 轻量端的"凭证审核"里面立即审批,进入凭证审核模块后,日期选"2019 年 7 月 1 日至今",基准账簿勾选"包含下级",选中所有单位,点"查询"就可以看到应付单与付款单各自自动生成的 2 张记账凭证,总账主管共审核 2 张记账凭证,至此流程结束。

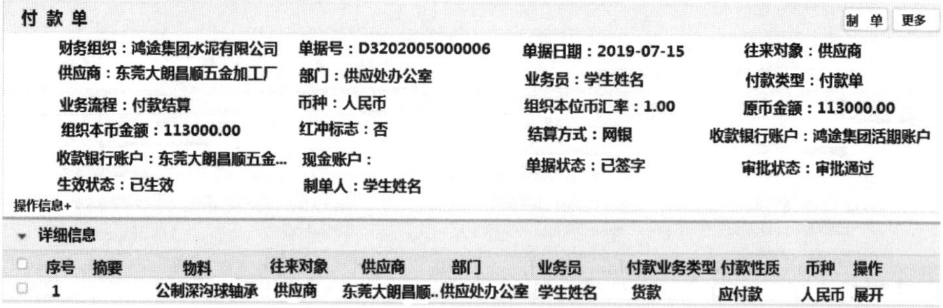

图 3-9 付款单

3.1.5 流程设计指导

合理设计不同类型企业的智能财务共享中的各项单据流程,使财务共享对整个价值链的流程进行更精准的管理。这样有助于提高整个财务信息资源的利用效率,并进一步帮助企业提高各方面的绩效水平。

在企业采购流程之中,各项单据流转及各岗位之间的互相合作会产生协同效应,从而促进企业绩效提升。因此,我们需要研究采购过程中的具体环节,如何通过财务共享信息系统的流程管理设计进行优化。分组讨论后,按照小组设计思路,在财务共享系统中设计新的流程。

3.2 原燃料采购共享

3.2.1 业务概述与分析

原燃料采购,是原材料采购中的一种。案例企业里的原材料采购主要由集团来统管,涉及的主要采购商品是原煤,而原煤属于 A 类物资。必须注意的是:A 类、B 类、C 类和 D 类,是本教材案例企业的物资采购分类。如果换成其他类型的企业,如新经济形态企业中的阿里巴巴、京东等,其物资采购可能与案例企业不尽相同。

而上一节讲到的备品备件采购属于 D 类物资采购，是一般物资采购。一般物资采购的流程与 A 类物资采购流程是不太一样的，它们的审批流程及工作流程都有一定的区别。因为 A 类物资涉及的金额大、数量多，涉及的子公司多，所以在采购的时候审批流程更多，工作流程更繁杂。

集团统管物资程序中的原煤采购管理审批流程涉及 2 个主要步骤。第一，由集团确定入围的年度供应商。这个步骤与备品备件采购比较相似。集团必须先对供应商进行招标，在投标的供应商中确定好整个年度入围的供应商名单，要求名单内的供应商保证供货价不高于整个原煤市场的平均价，也就是说，案例企业的原煤在按订单采购、签订合同的时候，合同中所签订的价格绝对不能高于整个市场的平均价。第二，案例企业的水泥分（子）公司每次采购时，必须在年度供应商名单范围内进行选择。这个年度供应商名单是由集团内置在云会计平台中，由各家水泥分（子）公司在云会计平台中进行选择。而案例企业的各家水泥分（子）公司在面对不同的年度供应商时，可以先进行询价和价格比对再进行采购。也就是说，不同的水泥分（子）公司可以根据自身的需要，在年度供应商名单范围内，选择不同的供应商来进行原煤采购。

采购管理的付款流程环节会涉及财务共享中心的工作。传统付款流程简单地说，就是根据各个供应商应付账款的余额，由采购部门检查、核对，并且确定出本月的付款金额，再由供应商开具收据，最后由案例企业的领导逐层审批、签字。任何采购付款都必须要提供 3 项单据，包括采购发票、采购合同、到货验收单，三者缺一不可。因此，采购付款的周期比较长，在一定程度上会影响供应商供货的积极性，增加了采购的各项管理成本。

从传统角度来讲，原燃料采购中的原煤采购流程具体如下：

第一步，年度供应商准入。首先由供应处办公室派遣采购员。在用友 NC 系统中将筛选完毕的供应商新增入档案。建立好新增供应商档案后，再填写供应商档案申请表，联系采购经理在用友 NC 系统中评估供应商资质，审批通过后新增供应商档案。审批通过之后，由采购经理通知财务处办公室，财务处办公室联系合同管理员在用友 NC 系统中审批供应商资质评估结果，最终确认供应商档案的建立。

第二步，询价。由供应处办公室发起，由采购员在收到相关采购需求的前提下,去找煤网站上发布一个询价的需求,发出一张询报价单。之后采购员把相关的信息也录入用友 NC 平台里面,做一张价格审批单。再通过用友 NC 系统将这张价格审批单传递给采购经理,由采购经理对这张价格审批单里面的价格进行审批,审批通过之后,第二个步骤就结束了。可以看到第一个步骤和第二个步骤主要是由业务员和业务经理操作,走的都是审批流程。由于第一个步骤里面涉及档案的编辑,因此第一个步骤中还会有财务部的合同管理员参与。

第三步,签订采购合同。供应处办公室的采购员在 NC 系统中录入已经签订好的采购合同信息,由采购经理对这份合同进行审批。采购经理审批之后,再传递到财务处办公室,由财务处办公室的财务经理在 NC 系统中对该合同进行第二道审批。审批通过之后,传递到合同管理员手中,合同管理员再次对这份采购合同进行审批。由此我们可以看到,合同的处理非常谨慎,由供应处办公室和财务处办公室 2 个部门来进行审批,因此分成业务流程和财务流程这 2 个流程来走。与其他单据最不同的是,采购合同的录入和审批,大多是在重量端里面进行,并且必须要通过业务流程和财务流程 2 个流程来进行流转,这就涉及业财融合的程度。如果公司业财融合程度高,那么走完采购合同整个流程的速度就会比较快,但是如果企业业财融合程度低,那么对应的采购合同流转速度就会比较慢。

第四步,采购到货入库。依旧由供应处办公室发起,采购员在 NC 系统里面把签订好的采购订单进行录入并提交,再由采购经理在 NC 系统里面将采购员所提交的采购订单进行审批,审批之后仓管员如果收到到货请求,那么他要在 NC 系统中把到货的相关情况进行办理。这时仓管员要做一张采购到货单,做好采购到货单以后,仓管员必须联系质控处的质检员,要求质检员对这批货进行质检。质检员对这批货进行质检之后,在 NC 系统里面对到货单里面的到货情况进行到货检验,填写验收通过之后,仓管员再次进入 NC 系统中办理采购入库,完成入库后生成一张采购入库单。

第五步,进入财务工作流。由财务处办公室存货管理的会计人员进入 NC 系统里面录入并保存采购发票。当然,这张采购发票必须先由存货会计审核。录入保存之后,这张发票会在 NC 端自动生成一张应付单。存货会计可以对这张应付单进行提交的操作。提交之后,由财务经理在 NC 系统里面对这张应付单进行审批,最后由总账会计在 NC 系统里对应付单自动生成的记账凭证进行审核。

第六步,对应付单进行付款的操作。这同样属于财务流程,故由财务处办公室发起。首先由存货会计在 NC 系统里面对关联的应付单进行录入并提交付款单,因为我们的付款单是基于应付单生成的,所以不用专门填写,可以直接关联上一张应付单而生成付款单。付款单生成之后,由财务经理对其进行审批,审批完成之后由存货会计针对这张付款单生成会计凭证。会计凭证生成之后再通知出纳,通过银企直联的方式支付这笔款项,也就是处理好这次付款,最后由总账会计对记账凭证进行审核。

3.2.2 虚拟业务场景

根据流程步骤,实验案例业务场景也分成以下 6 个步骤。

第一步,进行年度新增供应商的档案录入。案例企业鸿途集团根据业务需要,在 2019 年 7 月 3 日需要申请新增一家石膏供应商。新增石膏供应商的名称叫作郑州瑞龙有限公司,主要联系人叫刘杰,他的职位是销售代表,手机号码是×××××××××××。刘杰同时也提供了他们公司的营业执照复印件。按照郑州瑞龙有限公司营业执照复印件的内容,将此供应商纳入公司正式供应商 NC 系统名录,供应商准入目的组织应该选择"集团"。供应商录入 NC 系统时设置编码为 G3005550,系统有效期截至 2019 年 12 月 31 日。

第二步,询价。案例企业鸿途集团要进行下半年原煤价格购买评估,下半年计划采购量是 6000 吨。首先,在找煤网上面挂出了询报价单,很快收到 3 家不同的供应商发来的价格信息。第一家供应商是陕西黑龙沟矿业有限责任公司,它提供的含税单价是 553.70 元/吨。第二家供应商是中煤集团有限公司,它提供的含税单价是 565.00 元/吨。第三家供应商是神华乌海能源有限公司,它提供的含税单价是 621.50 元/吨。最后,经过鸿途集团组织专家的综合评估,下半年的原煤价格定为 565.00 元/吨。因此,选择中煤集团有限公司作为原煤采购的主要供应商,并与其签订了原煤供应合同。

第三步,签订采购合同。2019 年 7 月 10 日,案例企业鸿途集团与中煤集团有限公司签订了采购合同。采购合同编码为 PC 20190100,采购合同明细为乙方为甲方提供原煤价格为 500 元/吨，月供应数量为 1000 吨。实际数量依据每月甲方所提的采购订单为准。付款时间与付款方式是发票随货，并于当月底完成当月订单的款项结算。送货地址及到货日期要求发出订单后 10 日内到货，货物送至郑州市管城区第八大街经北一路 136 号鸿途集团水泥有限公司原燃料库房。运输方式与运输费为合同已包含运费，买方不再额外支付运费，运输方式由卖方决定。如延迟交货，每日按该笔货物金额的 2% 收取补偿费。关于签约信息的具体内容（含合同章），可以到教学实训系统或教师下发资料中去查考。

第四步，采购到货入库。2009 年 7 月 19 日，案例企业鸿图集团提出自身的原燃料采购需求，请购信息要求采购原煤 1000 吨，选择的供应商是中煤集团有限公司。2019 年 7 月 21 日，原煤到货后就进行过磅称重，到货检验入库，发票随货同时收到。原煤到货量是 1000 吨，含税单价为 565 元/吨，价税合计 565000 元，税率为 13%，供应商是中煤集团有限公司。

第五步，进行应付账款的挂账。案例企业鸿途集团收到了发票及原煤货物之后，并没有立即付款，因此公司的财务部门需要将该笔款项计入应付账款。2019 年 7 月 29 日，财务共享中心收到相关信息，并对这笔应付账款进行确认。

第六步，应付账款实现付款。2019 年 7 月 31 日，案例企业鸿途集团根据之前的应付挂账信息实现款项的拨付，即将本次采购原煤的总金额 565000 元拨付给合同供应商中煤集团有限公司，收款方账户为中国工商银行股份有限公司东城支行。

3.2.3 预备知识

公司收到货物以后，没有立即付款，因此借贷方科目在记账凭证中应该填借方收到原材料，贷方挂应付账款；又由于中间涉及采购购入进项税可抵扣，收到发票抵扣联，因此会计分录应该为：

借：原材料——主要材料（辅助核算为煤炭及产品）

应交税费——应交增值税——进项税额

贷：应付账款——应付货款（辅助核算为供应商中煤集团有限公司）

付款之后，会计凭证记账应该将之前的应付账款进行冲抵，这时借方是"应付账款——应付货款"，辅助核算为中煤集团有限公司，贷方是银行存款的减少，辅助核算为鸿途集团支出户，会计分录具体如下：

借：应付账款——应付货款（辅助核算为供应商中煤集团有限公司）

贷：银行存款（辅助核算为鸿途集团支出户）

3.2.4　操作指导

原燃料的采购需要启用供应商申请单工作流程和询报价单、价格审批单、采购合同、采购订单等工作流程，如表 3-2 所示。

表 3-2　原燃料采购工作流与审批流

序号	名称	是否进 FSSC	是否属于工作组工作	流程设计工具
1	供应商申请单	是	是	工作流程
2	询报价单	否	—	审批流程
3	价格审批单	否	—	审批流程
4	采购合同	是	否	审批流程
5	采购订单	否	—	审批流程
6	采购到货单	否	—	审批流程
7	入库单	否	—	审批流程
8	发票	否	是	工作流程
9	应付单	是	是	工作流程
10	付款单	是	是	工作流程

3.2.4.1　原燃料采购流程启用

首先启用供应商申请工作流程。同样都是先分配好几个岗位角色，然后到系统配置里面，由系统管理员进入 NCC 的重量端之后，找到"动态建模平台"流程管理，双击打开"工作流程定义—集团"，在"基础数据"里面找到"供应商申请单"，选中并点"启用"后，流程状态会变成一个播放按钮的状态。

询报价单、价格审批单、采购合同、采购订单等单据需要进入"审批流程定义—集团"里面去启用,可以在左上角先搜索找到"采购订单",点"启用",也可以搜索找到采购合同和价格审批单并且启用。

找到"采购管理",里面有采购订单,如果只启用了采购订单,还需要启用其他具体的原料采购,例如备品备件采购等。因此,此处只需要把"原燃料采购"这个流程启用就可以了。

再到"工作流定义—集团"里面,找到"应付管理"里面的"应付单"。如果前一个步骤已经启用应付单工作流程和付款单工作流程,此处就不用再点"启用"了。最后退出重量端。

3.2.4.2 原燃料采购——年度供应商准入

根据实训案例的要求,首先要做的就是新增供应商档案。案例公司根据业务需要填制一张供应商申请单,申请新增一家石膏供应商——郑州瑞龙有限公司。供应商申请单中带红色"＊"号的信息是必须填的,尤其是供应商的编码栏。刚开始如果不知道该怎么做,可以查阅重量端中的供应商申请单审批流程。

先由采购员在 NC 系统里面新增供应商,按照营业执照副本的内容做一张供应商申请单,再由采购员进行提交,由采购经理审核,最后由档案综合岗进行共享中心审核。具体而言,以采购员的身份进入 NCC 轻量端,可以看到采购员方便使用的模块里面已经有供应商申请单,修改右上角的业务日期为"2019 年7 月 3 日",再依次点开"供应商申请单－新增",申请组织填"鸿途集团水泥有限公司",申请类型选"新增",目的组织选"集团",供应商的编码填"G300550",供应商名称填写"郑州瑞龙有限公司"。供应商类型填"外部单位",因为该供应商不是鸿途集团的内部单位。(如果没有专门要求地区分类,地区不需要选填"郑州",不带红色"＊"号的不是必填项。)最关键的是,单据下方的供应商联系人填上"刘杰",可以直接从实训系统复制过来,性别"男",手机联系方式可以虚拟,是否默认需要勾选"是",最后点"保存"和"提交"。提交以后,交给下一个人——采购经理去审核,扫描原件之后一并上传,此处扫描就暂时不演示。如果点"提交"后跳出"当前单据在财务共享中心下没有匹配到共享服务业作业组"的提示语,那么必须先把登录的账号注销,修正没有匹配作业组这个问题后才能继续走流程,应当以系统管理员的身份登录 NCC 轻量端进行修正。系统管理员打开配置作业组工作,会发现任何一个组的"单据类型"里面都没有勾选"供应商申请单",按案例需要"供应商申请单"应该是勾选在档案组的"单据类型"里,但是档案组里面并没有勾选"供应商申请单",因此需要勾选"供应商申请单",再点"保存"。注销系统管理员的账号后,再以采购员的身份进入NCC轻量端提交之前待提交档案。

但是在执行新增档案提交的时候,会发现并没有任何"提交"按钮的存在,因此需要找到之前已经做好并保存的供应商档案单据。单击左上角"四叶草",点开基础数据,找到供应商申请单,点开后搜索出来。申请组织选"鸿途集团水泥有限公司",不用勾选"包含下级",因为本来就是属于这一级的,点"查询",就可以找出来那张供应商申请单,点"提交"按钮就提交成功了,之后记得把轻量端账号注销掉。接下来,以采购经理的身份登录系统,可看到1个"未处理"的,点开核对无误之后,对它进行审批,如果有误点"驳回"。要注意有效日期,因为这个供应商虽然已经被准入进来了,但是他准入的有效期只能截止到 2019 年 12 月 31 日,意味着到了下个年度,案例企业需要重新再确定下一批的供应商。最后以档案综合岗的身份进入轻量端,点"提取任务"找到刚刚提交的新增档案,点"批准"。这个新增档案的流程就做完了。完成后如图 3-10 所示。

图 3-10 供应商申请单

3.2.4.3 原燃料采购询报价

以采购员的身份进入 NCC 重量端,找到询报价单并打开,重量端的业务日期可以在右下方进行修改。采购员先做一张报价单,然后用询报价单生成一张价格审批单并提交,交给采购经理审批。这就是询报价过程。报价单和价格审批单的内容按照实训案例录入,另外要注意的是,业务单据里面涉及询报价单和价格审批单,询报价单是不用审批的。采购员进入 NCC 重量端,打开询报价单,将业务日期改为"2019 年 7 月 5 日"。之后点"新增",因为前面没有制作上游单据,所以这里只能选"自制"。采购组织选"鸿途集团水泥有限公司",询报价类型选"普通询报价"。

接下来,采购员要填写表体内容,即采购的产品及采购时间。这次要采购的是原煤,在物料编码里面属于"煤炭及产品",点选"原煤"后,信息会自动填入物料信息里,是从之前设置好的重量端物料档案里面把这个 0101 的物料读取信息过来的。下半年计划采购 6000 吨,数量写"6000"。3 家供应商必须一行行按实训案例信息录入,第一家是陕西黑龙沟矿业有限责任公司,第二家是中煤集团有限公司,第三家是神华乌海能源有限公司,录入一家点一次增行按钮,在外部供应商中选择对应的公司名称即可自动带出税率。同理,带红色"*"号的是必须输入的项。含税单价按照实训案例录入,无税单价由系统自动算出。如果看不清楚,可以点击最大化,表体右上方有一些操作,包括插行、删行等,如果有需要可以点击,之后就可以点"保存"。在这个步骤中,先不选择供应商。

案例企业相关部门经过讨论,最后确定的供应商是中煤集团有限公司,因为其性价比是最高的。这时,在系统里勾选"中煤集团有限公司",点"保存"。

之后,采购员不用退出重量端,继续新增"价格审批单"。这个时候点"新增",选中"询报价单"来新增价格审批单,查询条件窗口中的采购组织中选中"鸿途集团水泥有限公司",点"确定",就能筛选出之前的询报价单。勾选这张询报价单,再点"确定",询报价单的具体内容就被带到了价格审批单中,对比价格之后,勾选的是"中煤集团有限公司",同时注意右下方业务日期不要搞错,最后点"保存"和"提交",这样价格审批单就传递给了采购经理。这个时候我们注意到单据上有一个"审批"按钮,到底要不要审批取决于到底由谁审批。审批权限是划分给采购经理的,应该由采购经理审批,因此采购员退出系统,等候采购经理审批。

采购员可以点"审批"下拉按钮中的"查看审批意见",查看采购经理是否已审批通过。传递到采购经理处时,采购经理岗位显示红色底色。流程状态显示"提交状态"。

再以采购经理的身份登录 NCC 重量端,依次打开"供应链""采购价格""价格审批单",找到刚刚提交的那张价格审批单,点"查询",在选择查询条件的时候注意"单据状态"的选择,应该勾选所有状态,采购组织选择"鸿途集团有限公司"。如果查询条件的单据状态错选为"自由状态"或者"提交状态",则查询不到价格审批单,因为价格审批单现在处于采购经理"正在审批"的状态,而不是"自由状态"或者"提交状态"。因此,在处理的时候要将所有的状态一起勾选,才能找出价格审批单进行审批。如果业务日期不准确的话,要把日期先修改为"2019 年 7 月 6 日"。在信息化系统中,一般将查询条件扩大后,就能查询到自己需要的单据。点"审批""确定"之后,采购经理审批完成。生成价格审批单如图 3-11 所示。

采购组织	鸿途集团水泥有限公司										
审批类型	普通价格审批		价格审批单号			采购员	学生姓名		采购部门	供应处办公室	□委外
付款协议			审批状态	自由		备注			□询历价		
	行号	物料编码	物料名称	型号	规格	订货	供应商	币种	价格类型	扣税类型	税率
1	10	0101	原煤			□	陕西黑龙沟...	人民币	询报价单	应税外加	
2						☑	中煤集团...	人民币	询报价单	应税外加	
3						□	神华乌海...	人民币	询报价单	应税外加	

图 3-11　价格审批单

3.2.4.4　原燃料采购合同签订

采购合同也是由采购员按照纸质合同内容录入 NCC 重量端,提交后逐步审批并归档生效。采购员首先与外部供应商中煤集团有限公司签订纸质采购合同,之后把合同的影像拍照上传到 NCC 系统的采购合同中进行录入。然后,采购员提交给采购经理,由采购经理进行采购合同的审批,之后由业务财务审批,最后提交给档案综合岗进行审批、归档,并且还要执行生效。

学生可以在财务共享教学系统的学习资源里面,打开本次实训资料的合同原件进行观看(也可以由教师下发纸质合同原件),在协作处理里面将合同原件的扫描件上传,同时根据合同的签订内容在 NCC 重量端里填写相关采购合同。(实训学习资源里面是没有询报价单和价格审批单的,因为询报价单和价格审批单与外部单位没有关系,因此询报价单和价格审批单在案例企业内部形成并存档,仅仅存在于采购员和采购经理之间。)

采购员和采购经理询价完成后认为中煤集团有限公司产品的性价比是最高的,于是采购经理通过了价格的审批,只是在审批采购合同的时候,多了业务财务岗位审批的流程,因为合同里面涉及金额,而且财务部门也需要依据采购合同记账,最终由综合档案岗来进行归档并且对合同执行生效。(到最后一个步骤的时候,千万不要忘记对合同进行执行生效。)

以采购员的身份登录 NCC 重量端(如果上次登录已经失效了,可以关掉重新登录),点击"重量端—供应链—合同管理—采购合同维护",就可以录入采购合同。之前已经有了上游单据,可以按照上游单据来生成一张新的采购合同。上游单据曾经做过询报价单和价格审批单,因此点"新增"的时候,只要选"价格审批单",采购组织选"鸿途集团水泥有限公司",就可以把之前的价格审批单找出来。注意 NCC 系统的业务日期应该改为"2019 年 7 月 10 日",确定日期修改后,进入"重新采购合同维护",然后点"新增—价格审批单",采购组织选"鸿途集团水泥有限公司",点"确定",即可查询出之前的价格审批单,选中这张价格审批单,点"确定",就会自动生成一张已经有采购信息的合同,不过合同的编号是没有的,合同原件里面的编码是 PC20190100,合同名称写"原煤采购合同",计划生效日期就是"2019 年 7 月 10 日",计划终止日期是"2019 年 12 月 31 日",数量是 6000 吨,即乙方为甲方提供原煤 6000 吨,每个月大概提供 1000 吨。每个月的实际数量根据每月甲方所提交的采购订单来做,做好之后点"保存"。改好了系统业务日期,就点"提交",弹出窗口"确定要提交该合同吗?",点"是的",最后可以看审批里面的"查看审批意见"。

以采购经理的身份登录 NCC 重量端,点击"重量端—供应链—合同管理—采购合同维护",查询到那张采购合同,进行审批,确认业务日期和单据内容无误后就可以点"审批"。接着由业务财务来进行审批,步骤与采购经理的步骤基本类似。之后由档案综合岗进行审批,查询到合同以后,可以点击"单据追溯"。本次案例实训中单据追溯的意思就是,从询报价单生成价格审批单,再生成采购合同。最后,档案综合岗依次点击"重量端—供应链—合同管理—采购合同维护",查询到合同后进行审批(审批之前把业务日期改好)。特别要注意的是,一定要点"执行—生效"。如果合同没有执行生效,那么下一步采购到货就没办法进行,必须回到这个步骤重新对合同执行生效。完成后如图3-12所示。

| 采购组织 | 鸿途集团水泥有限公司 | | | | | | | | | |

合同编码	PC201901+每组标识码		合同名称	原煤采购合同		合同类型	采购合同通用类型			版本号	
合同签订日期	2019-07-19		计划生效日期	2019-07-10		计划终止日期	2019-12-31			供应商	中煤集团有限公司
对方单位说明			人员	学生姓名		部门	供应处办公室			交货地点	
币种	人民币		折本汇率		1.00	付款协议				预付款额度	
合同状态	审批中/审批完成/已生效		委外			已生成订单量作为合同执行				累计付款总额	
总数量		6000.00	价税合计		565000.00						

合同基本										
	型号	单位	数量	换算率	主单位	主数量	无税单价	含税单价	主币无税单价	主币含税单价	无税金额	税率
1		吨	6000.00	1/1	吨	6000.00	500.00	565.00	500.00	565.00	500000.00	13.00

图 3-12 采购合同

3.2.4.5 原燃料采购到货

采购员签订采购订单之后,将其录入系统里面,并交给采购经理签字。采购经理签字后,交给仓管员做一张采购到货单,但是仓管员做采购到货单的同时必须联系质检员,由质检员进行质检,故仓管员收货与质检员质检同步进行,最后仓管员做入库单,到货是在轻量端里面执行。以采购员的身份进入"轻量端—采购订单维护"后,把右上角业务日期修改为"2019 年 7 月 15 日"。(轻量端中的操作尤其是审核步骤对日期要求不高。当然,学生也可以对日期进行准确修改。)在"采购订单维护"里面,不要选"组织",要直接点"新增",因为现在要做采购订单而非查询。再点"采购合同生成采购订单",采购组织勾选"鸿途集团水泥有限公司",实际生效日期的跨度越大越好,然后点"查询",就能找到之前那份合同了。此时之所以能找到那份合同,是因为之前对这份合同执行生效了,如果没有执行生效,那么这里是找不到那份合同的,必须回到上一步由档案综合岗对合同执行生效。

找到合同后,进行勾选,点击右下角红色按钮生成采购订单,就用合同的相关信息来生成这张订单,然后再打开看看订单类型,选"原燃料采购",核对无误的话,就点"保存"。如果人机对话提示"字段不能为空",则仔细观察哪项信息没有填写,例如:如果采购部门没有填写,就选填"供应处办公室"。在实训案例里面查询到这部分信息,完成后如图3-13所示。再依次点"保存"和"提交"。提交之后,把右上角的账号注销。

图 3-13　原燃料采购订单

　　下一步应该由采购经理在轻量端中对订单进行审批。以采购经理的身份登录轻量端，业务日期选"2019 年 7 月 15 日"，单击打开"采购订单维护"，查询到那张采购订单，看清楚没有问题就可以对它进行批准。这时可以点开单据追溯，发现这张单据是从合同生成的。

　　下一步该由仓管员来做。实训案例中，采购员是在 7 月 10 日提出物资采购需求，物资于 7 月 18 日到货，因此仓管员登录轻量端之后应将业务日期改为 7 月 18 日。仓管员点击进入"到货单维护"做收货，收货有下拉按钮，不选"委外收货"，就选"普通收货"。点"到货"之后，收货库存组织选填"鸿途集团水泥有限公司"，将日期跨度做大，点"查询"，就能查出之前的采购订单，勾选采购订单后，点右下角红色按钮生成到货单。但是现在最好谨慎，不点"保存提交"，只点"保存"。保存之后有问题可以修改或者删除，如果没有问题的话，可以点"提交"。仓管员在做好提交的同时，要让质检员做过磅检验，质检员进入轻量端，将业务日期改为"2019 年 7 月 18 日"，点击进入"到货单检验"，接下来就可以做到货单检验。在到货单检验中，把到货单给搜索出来，库存组织选"鸿途集团水泥有限公司"，将日期跨度做大，检验状态选"未报检"，是必填项，如果需要查询别的也可以选其他状态，点"查询"，勾选"到货单"，点"检验"，接下来会跳出"确定需要报检所选数据吗？"，点"确定"，这样就可以检验成功。完成后如图 3-14所示。

图 3-14　原燃料到货单

账号注销,接下来由仓管员来入库。质量没有问题的话,就可以入库,因此由仓管员来做入库单。以仓管员的身份登录进入轻量端后,把业务日期修改为"2019 年 7 月 18 日",点击"采购入库"和"新增－采购业务入库",收货库存组织选"鸿途集团水泥有限公司",将日期跨度做大,点"查询",把出现的到货单勾选,点击右下角红色按钮生成入库单,点"查询",要注意仓库选"原燃料库",数量点"自动取数",取数就成功了,然后点"保存"。最后点"签字"。

现在看到单据追溯里面,从入库单追溯到到货单,再往前追溯到采购订单、采购合同、价格审批单、询报价单。

3.2.4.6　原燃料采购——应付挂账

接下来由业务财务做采购发票。2019 年 7 月 18 日,采购发票也随货同到,因此,业务财务按照采购发票的具体内容进行录入,录入采购发票是在 NCC 轻量端完成的。具体操作的时候,首先以业务财务的身份登录轻量端,点"采购发票维护"以后,把右上角业务日期改为"2019 年 7 月 18 日",之后点"新增",再点"收票",然后点"采购入库单",因为这张发票是根据采购入库单生成的。结算财务组织选填"鸿途集团水泥有限公司",时间选择"2019 年 7 月 1 日至今",然后点"查询"就可以查我们想要的这张入库单,勾选这张入库单,点击右下角的"生成发票",就能生成一张有具体信息的发票。生成发票之后,需要观察发票上写的日期,发票上写的日期该是 2019 年 7 月 18 日。票到日期就是收到发票的日期,即发票随货到的日期,应该是 2019 年 7 月 18 日。仔细核对无误后,就可以保存提交了,这次采购发票管理维护流程就走完了。

采购环节的应付单由采购发票直接传递生成。业务财务(退出后也可以重新登录继续做)将右上角业务日期改为"2019 年 7 月 18 日",再点"应付单管理",此处应付单已经随同发票同时生成,只需要搜索出这张应付单进行审查后提交即可。应付单既可以在轻量端模块中找出,也可以在左上角的四叶草里面的"财务会计－应付管理"里面找出来,现成的轻量端模块其实是从四叶草中拉出来的快捷通道。点击进入"应付单管理"后,结算财务组织处选填"鸿途集团水泥有限公司",日期选填"2019 年 7 月 1 日至今",点"查询",就可以查到由发票自动生成的这张应付单,点蓝色字体部分可以打开观看,查看无误后点"提交"。提交之后,应该由财务经理对这张应付单进行审核。点右上角注销之后,以财务经理的身份进入 NCC 轻量端,点"应付单管理",右上角业务日期应该改为"2019 年 7 月 18 日",进入"审批中心",就能看到那张待审核的应付单,点开仔细审核后点"财务经理角色【批准】"即可。在"已审核"里面可以再次找出并点"单据详情"进行仔细观看。

接下来,以应付初审岗的身份进入 NCC 轻量端对刚才那张应付单进行审批。点开"待提取",再点右上角的"任务提取",就可以提取到那张应付单,打开后对其进行仔细审查,并点"批准"。批准成功之后,会在总账里面直接生成一张记账凭证,留待付款后一起由总账主管审批,或者由总账主管进入 NCC 轻量端的"凭证审核"里面立即审批。(应付单与付款单会各自自动生成 1 张记账凭证,付款单管理完成后,总账主管共审核 2 张记账凭证。)

3.2.4.7　原燃料采购——应付付款

接下来,根据应付单生成付款单,由业务财务进入 NCC 轻量端来做。业务财务进入 NCC 轻量端后找到付款单管理,将右上角业务日期改为"2019 年 7 月 18 日"。点"新增",选点"应付单",按照应付单新增付款单,首先需要查询到那张应付单,财务组织选填"鸿途集团水泥有限公司",日期选择"2019 年 7 月 1 日至今",点"查询",查到应付单之后勾选,点"生成下游单据"。生成付款单之后要注意,付款都是通过银企直连的,因此结算方式选"网银",付款银行账号是以8310 结尾的中国工商银行账号,核对无误的点"提交"。然后,以财务经理的身份进入 NCC 轻量端,点"审批中心",找到付款单,进行批准即可。

最后,以应付初审岗的身份进入 NCC 轻量端,对刚才那张付款单进行审批。点"待提取",再点右上角的"任务提取",就可以提取到那张付款单,打开后可以对其进行仔细审查,并点击"批准"。再由中心出纳进入"结算"里面点"支付—网银转账"即可。付款成功之后,总账里面会直接生成 1 张记账凭证,留待总账主管审批。现在以总账主管的身份进入 NCC 轻量端的"凭证审核"里面立即审批,进入凭证审核模块后,日期选"2019 年 7 月 1 日至今",基准账簿勾选"包含下级",选中所有单位,点"查询"就可以看到。应付单与付款单各自自动生成 1 张记账凭证,总账主管共审核 2 张记账凭证,流程结束。

3.3 陕西广电财务数字化案例

3.3.1 广播电视行业饱和,竞争激烈,财务管理模式需要转型

广播电视业是从计划经济时期的公益目的逐渐转型为兼具盈利的特殊行业。一方面国家按统一标准进行管理,产业政策和行业标准都由广电总局统一起草;另一方面,广播电视业受到移动网络、手机等终端视频网站的冲击,视频网站和 App 对广播电视的替代性很强,有线电视的替代性竞争对手越来越多。

广电总局对广电行业实施统一标准、分级管理,陕西广电负责陕西省全部广播电视业务,是全国首家管理全省广电业务的省级广播电视集团企业。财务共享实施期间,陕西广电共有员工 7000 人左右、9 家分公司、3 家直属子公司、35 家子公司、91 个县级子公司,业务范围广布全省,给财务管理带来了极大的考验,业务的分散导致传统财务管理难以应付。

随着数字化技术在我国不断发展,考虑到财务管理统管需要,陕西广电管理层提出了建设"智慧新广电"的发展思路,于 2018 年发布业务新品牌——秦岭云,开启了智慧社区业务的打造之路,促进企业从传统有线电视向网络电视服务业转型,成为视频、数据、智慧融合的综合广电业务服务提供商。

陕西广电的经营利润在 2013 年之前能够保持稳定增长,但在 2014 年之后

就不增长了,甚至出现利润下降的情况。在数字化业务竞争激烈的新时代,为保证自身业务能够继续占有市场,陕西广电的财务管理模式必须转型升级。

3.3.2 陕西广电"四新战略"助推财务共享

为提高企业的利润,陕西广电提出以"智慧新广电"为关键改革方向,希望尽快从传统有线电视向网络媒体行业转型,推出"四新战略"——新网络、新媒体、新平台和新生态。基于"四新战略",实施财务数字化与四新对接是当前管理的需要,财务数字化的核心工程是财务共享,集团管理层对财务共享项目建设重视程度高并给予了高度支持。实施财务共享之前,陕西广电的财务管理系统主要面临以下几个难题:

(1)下级单位数量多、所处地域分散,集团管控难。陕西广电的业务范围遍及全陕西省,共有 140 家左右的下级单位,区域级别包括省级、市级、县级、乡级、村级,管控按每三级进行,业务类型多、发展范围广、下级单位数量增加,使得企业集团管控难度越来越大。

(2)地域限制及中国现实人口结构(老龄化问题)导致人力资源管理难度加大。一方面,随着业务规模和形态的快速发展,公司对财务管理人才的新需求更大,但是集团能够派遣到各个区域的财务人员不管是在人数上还是在专业水平上都不能满足需求,而在经济不发达地区招聘财务人员的难度又非常大,下级单位升职空间小,人才大量流失导致集团财务管理难度加大,会计核算效率低,财务风险变大。另一方面,集团内部财务人员花费大量精力在重复的财务核算工作上,没有为管理创造价值;下级单位业务量大、缺乏优质人力资源,也无法为企业创造协同价值。

(3)单据依然是纸质报销。相对数字化报销而言,纸质单据传递难度大、报销速度慢。实施财务数字化之前,陕西广电业务保障均使用纸质单据,容易丢失,书写格式不规范,各级单位执行情况不一样,信息质量低,报销流程长、环节多,报销人员报销难度大,对财务工作满意度低。而且会计核算过程中手工录入出错率高,工作量大,财务管理总体压力大。

(4)资金分散在各级单位,无法发挥统管协同作用。陕西广电实施财务共享之前的收支模式有收支各 2 条线,省级以下单位管理层资金使用权限比较大,集团审核管理缺位,容易出现挪用现象。同时,资金业务是整个集团范围内无法忽略的业务,各级单位备用金使用情况不能及时反馈给集团,可能导致集团不得不同意部分单位备用金超额,这样也增加了资金管理难度和风险。

(5)大多数企业在实施财务共享之前都存在集团内部信息系统多、品牌杂的情况,陕西广电也不例外。在实施财务共享之前的陕西广电,同时拥有 OA 系统、BOSS 系统、资产管理系统、项目管理系统、合同管理系统、物资系统、人力资源系统等。这些系统功能繁杂、数量众多、数据口径不统一、档案标准不一致,数据整合到一个平台上的难度很大,财务数据的价值很难被挖掘利用。

3.3.3 陕西广电决心实施财务共享

陕西广电对信息化建设非常重视,集团成立之初就采用会计信息化系统进行财务管理,集团总体信息化程度保持在高水平上。2016 年,陕西广电使用最新版的会计信息系统和物资系统,并开始考虑实施财务共享,于 2017 年新建工程信息系统和人力资源信息系统,信息化建设成熟,足以支撑其在 2018 年推行财务共享。

(1)强化财务风险管控。

财务共享中心建设成为一个法人机构,作为一个子级单位,管理权直接归集团总部,必须保证集团财务政策落实;将以往分散的业务通过信息系统平台直接上传至财务共享平台统一记账,进行集中标准化处理,有效地减少了错账漏账及违规现象。通过流程管理,实现相关财经法规、企业规章制度的贯彻落实和资源的集中管理,以及风险的集中管控。

(2)提高运营效率。

实施财务共享后,陕西广电的财务运营变得标准化,专业化程度更高。通过信息系统和财务共享的实施,陕西广电实现了收支、薪酬、工程采购、销售等业务数据管理的标准化和精细化。同时,集团管控能力提高,风险降低,财务共享成为保证集团可持续发展的重要手段之一。

(3)降低运营成本。

将以往分散在各级单位的财务人员和岗位重新整合,在财务共享中心设置共享财务集中处理账务,在各个下级单位设置业务财务,在总部设置战略财务,通过财务共享集中以往分散处理的会计账务,通过业务财务对下级单位进行战略指导和业务审批等,通过战略财务制订单位财务战略与决策,通过岗位重整减少重复性工作量,优化人力资源,转向管理会计岗位。

(4)提升财务价值创造能力。

财务共享中心将财务岗位转型为共享财务、业务财务和战略财务后,实现了岗位的优化和运营效率的提升,保障了企业长期战略目标的实现,从企业内部挖掘了更多的价值,实现了企业内部价值的挖掘与创造。

3.3.4 陕西广电财务共享实施前期

3.3.4.1 财务共享实施前准备:调研与招标

陕西广电业务范围越来越广,甚至深入到县乡,财务管理在人力资源和管控力度方面的不足也随之越来越明显,使得管理层不得不在 2017 年考虑实施财务共享。于是,陕西广电组织财务及高管人员前往已实施财务共享的各集团企业进行考察学习,其中西部机场和中铁二局的业态模式与陕西广电最为相近,因此选取这 2 家公司进行重点调研与参考。陕西广电于 2018 年完成调研后立刻启动财务共享项目,于 2020 年完全落地实施。

3.3.4.2 建设历程:先试点,再上线

陕西广电于 2018 年开始实施财务共享,吸取前辈经验后分阶段试点运行。第一阶段:2019 年 1 月个人报销试点。试行之前压单多,业务与财务部门矛盾多;试行后试点员工观念改变,线下报销逐渐转为线上报销。线上报销主要包括日报单据 7 个模板、影响采集与识别、移动审批等,提高了单据填报的速度及准确性,减少了业务员和财务人员的报销压力。第二阶段:2019 年 3 月开始整体方案设计。陕西广电委托第三方咨询公司设计 14 个业务子模块,包括采购、报表、业务、资金、税务、投融资、总账、费用报销、制度设计、档案管理、薪酬管理、收入管理、存货管理、资产管理、岗位管理等。第三阶段:方案设计好后,历时 3 个月左右逐步完成上述模块的建设工作。第四阶段:将上述模块的传媒板块全部上线,将采用"全业务+试点公司"的模式,即在选择的试点公司上线所

有业务系统,并总结经验和教训,随后推广至所有公司的传媒板块。第五阶段:
2020 年 3 月,实现智慧公司和多元化板块在财务共享中心上线。

关于财务共享中心的选址,考虑到财务人员多集中在西安市,西安本地的
公司规模大、标准程度高、人员素质高,而且西安也具备城市吸引力,因此将财
务共享中心建设在西安。总体规划分为筹建期、运营期、拓展期,不同时期财务
共享服务中心分别具有不同的定位。筹建期,由财务部主管开始逐步优化提
升,服务质量没有保障,费用由总部承担。运营期,持续优化整体财务共享效
率,保证稳定运营,财务部只对业务进行指导,财务共享中心由 CEO 或总会计
师汇报,服务质量有所提升,流程管理优化。拓展期,开始对内、对外均提供财
务共享服务,打造财务服务细节,增加企业收益。

将财务岗位重新优化整合为 3 类:战略财务、业务财务和共享财务。由战
略财务指导整体财务工作,包括制订财务政策和业务指导工作,业务财务执行
基础财务职能,共享财务集中处理账务。

财务共享实施后各级单位权责利保持不变,财务共享服务中心主要任务是
集中核算和数据分析。企业各级单位的经营管理、资源管理、审批权限、内控管
理、审计、税收等责任都保持原样不变。

财务共享服务中心按服务职能不同建设组织架构:按服务职能建设部门小
组和岗位,设计了财务共享服务中心管理层、采购至付款部、销售至收款部、总
账至报表部、服务运营部及各个小组。

财务共享中心效应,通过前端、后端和终端三者结合运行,将所有信息系统
对接到一个平台上,在保证该平台稳定运行的基础上,实现数据大融合。

3.3.4.3 财务共享服务中心建设难点

由于广电领域的财务共享经典案例稀少,陕西广电的财务共享服务中心建
设,在结合了 2 个相近企业案例的基础上,逐渐走上了自我探索的道路,因时制
宜地开展建设工作,在满足主业的前提下逐步满足其他业务需求。同时,由于
集团内部各个子公司开展多元化发展的起始点不同,推广矛盾点不同,因此建
设复杂度高。信息化程度在不同单位、不同人员中不同,不同板块连接后标准
化程度的不同也增加了财务共享的推广难度。

3.3.5　财务共享服务在陕西广电成功推广

陕西广电成功推广财务共享后,期望成为国内广播电视行业典型的财务共享服务中心,不仅为内部各级单位提供优质、高效的财务服务,而且促进财务会计向管理会计转型升级,使得经营战略获得的数据支持力度更大、准确性更高。

3.3.5.1　初期成效

(1)实现"四统一"。

"四统一",即会计政策执行统一,业务处理流程统一,会计核算标准统一,会计账套操作统一。陕西广电对费用、采购、收入、资金、税务、薪酬、投融资、总账等八大流程进行逐一梳理和筛选,有效实现了会计政策的统一、业务处理流程的统一、会计核算标准的统一、会计账套操作的统一,使得会计数据的准确性、及时性和基础工作的标准化大大提高。

(2)降低成本,提高效率。

财务共享后实现了职能分工的专业化和专业化带来的规模化,在核算标准化的支持下使得工作效率进一步提升,以较少的财务人员承担更多的核算工作,每个财务共享服务中心的总账会计平均处理3.8家单位的业务,财务人员成本显著降低。

(3)员工工作透明化,风险管控水平提升。

财务共享的实现,杜绝了手工凭证,使得财务工作变得透明化,所有操作都有据可依。这既在一定程度上确保了规章制度的落地,也提升了会计数据的质量,使内控管理制度有了载体,固化了内部控制流程和管理标准,减少了人为因素的影响,使得风险管控水平得以提升。

3.3.5.2　中期成效

(1)支撑"四新战略"实施落地。

财务共享服务中心助力陕西广电加快从传统有线电视传输企业向融合网络媒体服务商转型,大力支撑新网络、新媒体、新平台、新生态的"四新战略"。在满足陕西广电规模扩张的同时,不必考虑为新业务、新单位建立财务支撑职能,可以直接将财务核算职能纳入财务共享服务中心,这样既可大大降低管理难度,也可快速支撑"四新战略"的实施落地。

(2)财务共享系统上线后收益显著。

财务共享服务平台电子推广使用影像系统,实现了单据提交、业务审批、财务审核、账务处理的全程电子化,提高了核算的效率。同时,业务领导可以随时随地通过各类移动端进行业务审批,大大提升了报账流程的效率。银企直联的推广使用,减少了资金支付的工作量,提升了资金支付的效率,保障了资金管理的安全,简化了银企对账的工作流程;电子档案系统的推广使用,实现了会计档案的无纸化管理和异地会计档案的查询、调阅,并对借阅申请及审批进行系统管理,增强了财务信息的安全性。

(3)业财流程融合,业财数据同源。

财务共享后,实现了采购管理、合同管理、项目管理等业务系统与财务系统的对接和数据的互联互通,消除了信息孤岛,打通财务和业务流程,实现了财务数据从业务数据中来,并将财务控制点植入业务环节中去;实现由价值核算向价值管理、由职能管理向协同管理、由事后监督向源头治理的转型。

3.3.5.3 可持续发展成效

(1)"三位一体"的职能划分提高财务价值创造能力。

陕西广电原有财务团队人员众多,很多有专长的财务人员长期从事基础性财务工作,体现不出其价值,在财务共享服务中心建成后,原有的财务团队被分成三层,即战略财务、业务财务、共享财务,这样解放出来的大量财务人员得以摆脱基础性工作,有利于将财务人员投入战略财务和业务财务等更高的价值工作中,促进财务人员快速适应集团发展需求,支持集团战略目标实现,提升财务价值创造能力。

(2)实现独立运营,成为利润中心。

陕西广电对财务共享服务中心的未来期望是将其独立化,即使其成为独立盈利的机构,能够为其他公司有偿地提供财务共享的相关服务,获取合理的服务收入,从而成为陕西广电新的利润增长点。目前,财务共享服务已在陕西广电培育、生根、发芽、开花,期望未来硕果累累。

销售业务

4.1　产成品销售业务

4.1.1　业务概述与分析

　　按照销售渠道的不同,销售管理可以分为直销与分销。直销是指生产者不需要经过中间环节,直接把自己的产品卖给消费者。而分销是指生产者先将自己的产品卖给分销商,再由他们卖给消费者。根据产品是否被买断,分销商又可分为经销商和代理商。其中,经销商买断产品,即使自己卖不完也不能退给生产商,而代理商则相反,卖不完的产品可以退给生产商。

　　按照销售组织与发货组织的不同,销售管理可以分为单组织销售与跨组织销售。单组织销售中,票货属于同一组织,例如一公司向另一公司卖自产的货,开自己的票,收自己的钱。跨组织销售中的票和货可能不属于同一财务组织,这种情况在现代企业是极其常见的。例如,某个集团的销售中心向一客户销售集团内另外一家工厂的货,此时由销售中心开票收款,但由另外一家工厂发货。

　　按照接单方式的不同,销售管理可以分为接单销售与销售补货。接单销售是指先有明确的客户订单之后再做相关的生产工作。销售补货是指还没有明确客户订单的时候就先铺货,再销售,例如像沃尔玛就有自动补货系统,销售商可以自动跟踪各个销售点的货源情况并及时按市场预期进行补货。

　　按照收款时间的不同,销售管理可以分为现销与赊销。现销是指先全额收款,然后慢慢进行开票和出库的活动。赊销是指以商业信用为前提条件的信用销售,买卖双方签订相关的购销合同后,卖方先发货,而买方按照协议在规定日期内付全款或者分期付款。企业大多数时候都是接单赊销,也就是说,按接到订单来进行销售和生产的工作安排,然后发货,最后开票挂账并且收款。

案例企业的销售业务主要分成水泥板块、铸造板块和旅游板块,水泥板块主要销售水泥及石膏原料之类。铸造板块主要是对买进来的暂时或不再需要的铸件进行销售,而旅游板块主要包括酒店客房服务销售及娱乐场所门票销售等。

案例企业的大部分水泥子公司已经实现了 ERP 系统操作,基本实现了整个集团供应链业务的业财一体化。在销售业务流程上,所有水泥子公司都相似,但它们在业务关键控制点上会各不相同。各个子公司的销售价格也比较多样化,审批执行及监管都不方便。手动工作量相对比较大,容易出错,例如客户余额计算、返利计算等。在工厂布局和硬件条件上,各个子公司也不尽相同,发货流程没有固定形式,单据格式不相同,流转不能统一,也不便于统一和精细管理。统计报表以手工记录为主,工作量比较大,及时性也比较差,其他板块尚未使用 ERP 供应链系统管理操作。

案例企业主要商品的销售业务现状大致如下:首先,企业签订合同,在 NC 重量端里面录入合同并审批;然后,接到客户的订单,销售员在 NC 系统里面做好销售订单生成并经部门主管审批之后,再安排销售发货,制作发货单,之后安排销售出库,在开出库单的同时开出销售发票,同时销售部门还要做产品库存台账,财务部门要做好应收挂账及之后应收账款的收账。这个流程就比产成品销售的流程要简约很多,因为不是主营业务以内。

4.1.2　虚拟业务场景

2019 年 7 月 1 日,案例企业与天海集团签署了一份合同,其主要内容就是由案例企业向天海集团销售水泥产品。所销售的水泥产品是属于 PC 32.5 袋装水泥袋,价格为 300 元/吨(不含税),月供应数量是 1000 吨左右,实际数量依据对方每月的订货单申请来进行填写,同时开出发票,发票随货到,并于当月底之前完成收款的结算,这个合同的有效期是 2019 年 7 月 1 日—12 月 31 日。7 月 5 日收到一笔订单,要求发货 1000 吨,单价为 300 元/吨。发货之后开出发票,同时随货开出的发票信息中的含税单价为 300 元/吨,总数量为 1000 吨,客户是天海集团。2019 年 7 月 31 日,对方将该订单总金额打过来。

4.1.3　预备知识

在案例企业收到订单开始销售并发出货物与发票时,会计做账应从发货开始,故借方记应收账款－应收货款,又由于企业所销售的是产成品,因此贷方是主营业务收入。此时只是先发货和开发票,没有收款,因此根据发票价税合计金额借方记应收账款－应收货款。辅助项应该是对应客户的名称。贷方除了记录主营业务收入的不含税单价以外,还应该在应交税费——应交增值税(销项税额)这个科目里面计入税额。

案例企业在收款之后,会计在贷方通过应收账款——应收货款记上付的全款。借方写银行存款收入额度,因此借方应该是银行存款——收入户。具体会计分录如下:

借:应收账款——应收货款

　　贷:应交税费——应交增值税(销项税额)

　　　　主营业务收入

借:银行存款——收入户

　　贷:应收账款——应收货款

4.1.4　操作步骤

4.1.4.1　产成品销售审批流程启用

首先学习的是销售管理。由系统管理员,打开 F 项目"销售管理－应收共享",因为销售管理和收款是对应的,所以销售管理和应收共享是对应的,是一种共享方式。接着,点击"产成品销售场景的构建测试",再点"去做任务"。然后依次点"系统配置"和"系统管理员",选择 NCC 重量端之后,就可以对动态建模平台里面的流程进行管理了。这个时候要清楚涉及的流程包括 2 种:审批流程和工作流程(见表 4-1)。工作流程包括应收单和收款单,这 2 个工作流程是进入财务共享中心的;但是审批流程中的销售订单、出库单和销售发票是不需要进入财务共享中心的。另外,销售订单的传递审批步骤比较多,但是出库单只需要填制而不需要传递,只有销售订单、销售发票及应收单、收款单需要传递审批。在"流程管理"里面可以看到,集团的流程分成审批流程集团和工作流程集团,双击打开"审批流程—集团",找到销售订单,然后启用流程。找到所需流程有2种方法:一种是在左上角搜索栏里面直接搜索流程名称,可以在搜索栏这里输入"销售订单";另一种是直接打开销售管理里面的销售订单,选择需要启用的销售订单流程,点"启用"后,流程状态由暂停符号变成播放符号,启用成功。

表 4-1　产成品销售工作流程与审批流程

序号	名称	是否进 FSSC	是否属于作业组工作	流程设计工具
1	销售合同	是	否	审批流程
2	销售订单	否	—	审批流程
3	销售发货单	否	—	审批流程
4	销售出库单	否	—	审批流程
5	销售发票	否	—	审批流程
6	应收单	是	是	工作流程
7	收款单	是	是	工作流程

4.1.4.2　产成品销售工作流程启用

系统管理员需要启用2个工作流程,即应收单和收款单。因此,在 NCC 重量端里面,系统管理员双击进入"工作流程定义—集团",然后双击选中"运作管理"里面的"收款单",点"启用",再选中"应收单",点"启用"。一定要注意流程状态,只有变成播放符号的状态才算是启用成功了。如需了解应收单流程的运作机制,双击该工作流程就可以看到里面已经预制好的一个标准工作流程,由业务财务发起处理,然后由财务经理审批,最后传递到共享服务中心,也可以进去重新设置新流程。同样的,如果需要知道收款单的工作流程,双击"工作流程"即可观看。

4.1.4.3　产成品销售合同

销售合同是由销售员按照纸质合同内容录入 NCC 重量端的,提交后逐步审批并归档生效。销售员首先与外部客户天海集团签订了纸质销售合同,之后把合同的影像拍照上传到 NCC 系统的销售合同中。录入销售合同后,销售员提交给销售经理来进行销售合同的审批,之后由业务财务审批,最后提交给档案综合岗进行审批、归档,并且还要执行生效。

学生可以在财务共享教学系统的学习资源里面,打开本次实训资料的合同原件进行观看(也可以由教师下发纸质合同原件),在"协作处理"里面将合同原件的扫描件上传,同时根据合同内容填写相关销售合同,提交到 NCC 重量端里。

审批销售合同的时候,流程中间多了业务财务岗位审批,因为合同里面涉及金额,而且财务部门需要依据销售合同记账,但最终是由综合档案岗来进行归档并且对合同执行生效的。到最后一个步骤的时候,千万不要忘了对合同进行执行生效。

那么现在开始由销售员来做。首先搞清楚业务日期是"2019 年 7 月 1 日",即合同签订日,合同原件中的生效日期也是 2019 年 7 月 1 日,因此应该在"重量端－供应链－合同管理－销售合同维护"里面完成合同的录入。如果上次登录已经失效了,可以关掉重新登录。登录之后,点击"重量端－供应链－合同管理－销售合同维护",就可以录入销售合同。若之前已经有了上游单据,可以按照上游单据来生成一张新的销售合同;若上游单据未曾做过,点"新增"的时候,选"自制",销售组织选"鸿途集团水泥有限公司",合同原件里面的编码是 SC20190182,合同名称写"水泥销售合同",计划生效日期是"2019 年 7 月 1 日",计划终止日期是"2019 年 12 月 31 日",合同中规定乙方为甲方每月提供水泥 1000 吨,合同类型为"销售合同通用类型"。每个月的实际数量根据每月甲方所提交的销售订单来做,做好之后点"保存"。若系统业务日期已经改好了就点"提交",弹出窗口人机对话问你"确定要提交该合同吗?",点"是的",最后可以点审批里面的"查看审批意见"。

接下来由销售经理审批。先退出账号,然后以销售经理的身份登录 NCC

重量端,点击"重量端—供应链—合同管理—销售合同维护",查询到那张销售合同,设置查询条件时,日期跨度一定要选得比较大,查到之后,确认业务日期和单据内容无误后就可以点"审批"。

下面由业务财务来进行审批,步骤与销售经理的步骤基本类似。接着,由档案综合岗进行审批,查询到合同以后,可以点击"单据追溯",本次案例实训中单据追溯的意思就是,从询报价单生成价格审批单,再生成销售合同。最后销售合同需要档案综合岗来归档,档案综合岗首先点击"重量端—供应链—合同管理—销售合同维护",查询到合同后进行审批(审批之前把业务日期改好),最后注意,一定要点"执行—生效"。因为合同生效之后可能会跳出来一个窗口人机对话"合同生效日期和实际日期不符",这个也没关系,总之继续执行生效就行了,最终合同会呈现生效状态。如果没有执行生效,那么下一步销售发货就没办法做,必须重新回到这个步骤对合同执行生效。完成后如图 4-1 所示。

图 4-1 产成品销售合同

4.1.4.4 产成品销售发货

首先还是由销售员签订销售订单,之后把销售订单录入系统里面,交给销售经理签字。销售经理签字之后,交给仓管员做一张销售发货单,然后仓管员再做出库单,发货是在轻量端里面执行的。销售员进入"轻量端—销售订单维护"后,首先把右上角业务日期修改为"2019 年 7 月 1 日"(轻量端中的操作尤其是审核步骤对日期要求不高。当然,同学也可以对日期进行准确修改)。在"销售订单维护"里面,不要选"组织",要直接点"新增",因为现在要做销售订单而非查询。再点"销售合同生成采订单",之后销售组织选"鸿途集团水泥有限公司",实际生效日期跨度越大越好,然后点"查询",就能找到之前那份合同了。此时之所以可以找到那份合同,是因为之前对这份合同执行生效了,如果没有执行生效,那么这里是找不到那份合同的,必须回到上一步由档案综合岗对合同执行生效。

找到合同后,勾选选中,点击右下角红色按钮生成销售订单,就用合同的相关信息来生成了这张订单,然后再打开看看订单类型,选"水泥销售",核对无误后,点"保存"。如果人机对话提示"××字段不能为空",则仔细观察哪项信息没有填写,例如:销售部门如果没有填写,就选填"供应处办公室",在实训案例里面查询到这部分信息,继续保存以后提交。提交之后,点右上角的"注销账号"并退出。下一步是由销售经理在轻量端中对订单进行审批,业务日期为"2019 年 7 月 1 日",单击打开"销售订单维护",查询到那张销售订单,确认没有问题后就可以对它进行批准。这时候可以点开单据追溯,可以看到这张单据是从合同生成的。完成后如图 4-2 所示。

图 4-2 产成品销售订单

下一步由仓管员来操作。实训案例中,7 月 10 日之前必须发货,7 月 11 日对方客户收到货,因此仓管员登录轻量端之后应将业务日期改为"2019 年 7 月 11 日",仓管员点击进入"发货单维护"做发货,点"发货"之后,发货库存组织选填"鸿途集团水泥有限公司",将日期跨度做大,点"查询",就可以查出之前的销售订单,勾选销售订单后,点右下角红色按钮生成发货单。但是出于谨慎考虑,现在不点保存提交,只点"保存"。保存之后如有问题可以修改或者删除,如果确认没有问题,可以点"提交"。接下来由仓管员来做。以仓管员的身份进入轻量端后,把业务日期修改为"2019 年 7 月 11 日",依次点"销售出库""新增-销售业务出库",发货库存组织选"鸿途集团水泥有限公司",将日期跨度做大,点"查询",把出现的发货单勾选上,点击右下角红色按钮生成出库单,点"查询",仓库选"产成品库",数量点"自动取数",取数就成功了,然后点"保存"。之后点"签字"。完成后如图 4-3 所示。

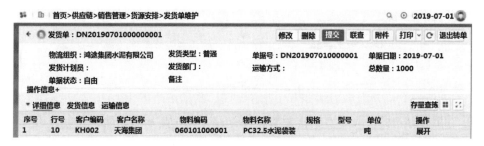

图 4-3 产成品发货单

在"单据追溯"里面,可以从出库单追溯到发货单,再往前追溯到销售订单、销售合同。

4.1.4.5 产成品销售——应收挂账

接下来由业务财务做销售发票。2019 年 7 月 11 日,销售发票也随货开票、票随货走,因此业务财务按照销售发票的具体内容进行录入,录入销售发票是在 NCC 轻量端完成的。具体而言,先在"协作处理"中找到业务财务的头像,点开头像,再选点轻量端,点"销售发票维护"以后,先把右上角业务日期改为"2019 年 7 月 11 日",之后点"新增",再点"收票",然后选点"销售出库单",因为是根据销售出库单生成这张发票的。结算财务组织选填"鸿途集团水泥有限公司",时间段选择"2019 年 7 月 1 日至今",然后点"查询"就可以查到我们想要的这张出库单,勾选这张出库单,点击右下角的"生成发票",就能生成一张有具体信息的发票。生成发票之后,观察并确保发票上写的日期是 2019 年 7 月 11 日。因为票到日期就是收到发票的日期,即发票随货到的日期,所以发票上的日期应该是 2019 年 7 月 11 日。最后,仔细核对无误后就可以保存、提交了,这次销售发票管理维护流程就走完了。完成后如图 4-4 所示。

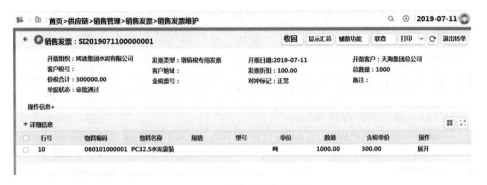

图 4-4　产成品销售发票

销售环节的应收单由销售发票直接传递生成。业务财务继续往后做（退出后也可以重新登录继续做），右上角业务日期应该改为"2019 年 7 月 11 日"，再点"应收单管理"，此处应收单已经随发票同时生成，只需要搜索出这张应收单进行审查后提交即可。应收单既可以在轻量端模块中找出，也可以在左上角的四叶草里面的"财务会计—应收管理"里面找出来，现成的轻量端模块其实是从四叶草中拉出来的快捷通道。点击"应收单管理"后，结算财务组织处选填"鸿途集团水泥有限公司"，日期填"2019 年 7 月 1 日至今"，点"查询"可以查到由发票自动生成的这张应收单，点蓝色字体打开观看，查看无误就可以点"提交"。提交之后应该由财务经理对这张应收单进行审核，点右上角的"注销"之后，以财务经理的身份进入 NCC 轻量端，点"应收单管理"，将右上角业务日期改为"2019 年 7 月 11 日"，进"审批中心"，就能看到那张待审核的应收单，点开仔细审核无误后点击"财务经理角色【批准】"即可。在"已审核"里面可以再次找出应收单并点"单据详情"进行仔细观看。

接下来以应收初审岗的身份进入 NCC 轻量端，对刚才那张应收单进行审批。点开"待提取"，再点右上角的"任务提取"，就可以提取到那张应收单，打开后可以对其进行仔细审查，并点击"批准"。批准成功之后会在总账里面直接生成 1 张记账凭证，留待收款后一起由总账主管审批，或者由总账主管立即进入 NCC 轻量端的"凭证审核"里面进行审批。（应收单与收款单会各自自动生成 1 张记账凭证，收款单管理完成后，总账主管共审核 2 张记账凭证。）

4.1.4.6 产成品销售—应收货款

接下来要根据应收单生成收款单。首先以业务财务的身份进入 NCC 轻量端,找到收款单管理,将右上角业务日期改为"2019 年 7 月 11 日"。点"新增",选点"应收单",按照应收单新增收款单,首先需要查询到那张应收单,财务组织选填"鸿途集团水泥有限公司",日期选择"2019 年 7 月 1 日至今",点"查询",查到应收单之后勾选,再点"生成下游单据"。生成收款单之后要注意,收款都是通过银企直连,因此结算方式应该选"网银",收款银行账号是中国工商银行8309 结尾的账号,然后核对无误后点"提交"。接着再以财务经理的身份进NCC 轻量端,点"审批中心",找到收款单,进行批准即可。

然后,以应初审岗的身份进入 NCC 轻量端,对刚才那张收款单进行审批。点开"待提取",再点右上角的"任务提取",就可以提取到那张收款单,打开后对其进行仔细审查,确认无误后点"批准"。之后,以中心出纳的身份进入结算中心,点"结算"即可收款。中心出纳结算成功之后,总账里面会直接生成一张记账凭证,留待总账主管审批。最后,以总账主管的身份进入 NCC 轻量端的"凭证审核"里面立即审批。进入凭证审核模块后,日期选"2019 年 7 月 1 日至今",基准账簿勾选"包含下级",选中所有单位,点"查询"就可以看到应收单与收款单各自自动生成的 1 张记账凭证,总账主管共审核 2 张记账凭证,至此流程结束。

4.2 其他商品销售业务

4.2.1 业务概述与分析

普通商品指的是非主营业务内的商品。案例企业的主要业务是水泥销售。针对水泥销售以外的其他业务,可以将审批流程和工作流程进行简化。

案例企业其他商品的销售业务流程大致如下:首先,企业接到客户的订单,由销售员在用友 NC 系统里面做好销售订单并经部门主管审批,安排销售发货,制作发货单,之后再安排销售出库,在开出出库单的同时开出销售发票。同时,销售部门还要做产品库存台账,财务部门要做应收账款的收账。可见,非主营业务的流程比产成品销售的流程要简约很多。

4.2.2　虚拟业务场景

销售员,负责各类产成品、其他商品的采购及发起相关业务单据流程等。

销售经理,负责审批各类产成品、其他商品的采购及发起相关业务单据等。

仓库管理员,负责仓库进出验货及填写进出库单据相关业务。

董事会总经理刘金涛,负责审批公司各类授权范围内业务。

财务处办公室业务财务王玉兰,负责签订资金类合同,并依据业务现状生成收支类、资金类单据等。

财务处办公室财务经理王彬,负责审批资金类合同、收支类与资金类单据等。

共享中心应收审核岗,负责提取并审核进入共享中心的所有应收单和收款单。

共享中心费用初审岗龚紫琪,负责初审费用类单据等。

共享中心出纳贾萌,负责结算确认收付款等。

总账主管郑云琪,负责审核记账凭证、总账业务处理等。

2019 年 7 月 5 日,鸿途集团与天海中天精细化工有限公司签订了一笔关于石膏材料的销售订单。这种材料不是案例企业的主要产品,只是案例企业的部分原料。约定发货时间是 2019 年 7 月 11 日,含税价为226 元/吨,在用友 NC 系统中同时制作了销售订单和销售发货单。2019 年 7 月 11 日,这批天然石膏发货出库一共 1000 吨,单价为 226 元含税。这批石膏发货的同时,卖方开出增值税专用发票,票随货走,因此,2019 年 7 月 11 日,案例企业必须进行应收账款的挂账。2019 年 7 月 31 日,客户打款给案例企业,案例企业银行账户收到了这笔总计 226000 元的款项,因此案例企业必须到网银系统里面取得银行收款的电子回单并且挂账。

4.2.3　预备知识

案例企业是在收到订单后开始销售并发出货物与发票的,会计做账应从发货开始,借方记"应收账款——应收货款"。由于买方所购买的不是主要产成品,因此贷方是其他业务收入。此时仅仅发了货和开了发票,并没有收款,因此根据发票价税合计金额,借方记"应收账款——应收货款"。辅助项应该是对应的客户的名称。贷方同时除了记入其他业务收入的不含税单价以外,还应该在"应交税费——应交增值税(销项税额)"这个科目里面计入税额。

案例企业在收款之后,会计在贷方通过应收账款——应收货款记上付的全款。借方写银行存款收入额度,因此借方应该是银行存款——收入户。

借:应收账款——应收货款
　贷:应交税费——应交增值税(销项税额)
　　其他业务收入
借:银行存款——收入户
　贷:应收账款——应收货款

4.2.4　操作指导

4.2.4.1　其他商品销售发货

销售员签订销售订单,之后把销售订单录入系统,交给销售经理来签字。销售经理签字之后,交给仓管员做一张销售发货单,然后仓管员做出库单,发货是在轻量端里面执行的。销售员进入"轻量端－销售订单维护"后,先把右上角业务日期修改为"2019 年 7 月 11 日"(轻量端中的操作尤其是审核步骤对日期要求不高。当然,同学也可以对日期进行准确修改)。在"销售订单维护"里面,不要先选组织,而要直接点"新增－自制",因为现在要做销售订单而非查询,也没有上游单据可追溯。订单类型选"原料销售",物料选"天然石膏",客户选"外部客户－天海中天精细化工有限公司",物料数量写"1000",含税单价写"226",核对无误后就点"保存"。完成后如图 4-5 所示。如果人机对话提示"××字段不能为空",则仔细观察哪项信息没有填写,例如:如果销售部门没有填写,就选填上销售处办公室,在实训案例里面可以查询到这部分信息。保存、提交之后,把右上角的账号注销掉。之后就由销售经理在轻量端中对订单进行审批,业务日期为"2019 年 7 月 11 日",单击打开"销售订单维护",查询到那张销售订单,确认无误后点"批准"。

图 4-5　其他商品销售订单

下一步由仓管员来做发货单。案例企业在 2019 年 7 月 11 日之前必须发货，2019 年 7 月 11 日买方收到货，因此仓管员登录轻量端之后将业务日期改为"2019 年 7 月 11 日"。仓管员依次点击"发货单维护""发货"，发货库存组织选填"鸿途集团水泥有限公司"，把日期跨度做大，点"查询"，可以查出之前的销售订单，勾选销售订单后，点右下角红色按钮生成发货单，就按照订单信息生成了这张发货单。但是出于谨慎考虑，先不点"保存提交"，而是只点"保存"。因为保存之后如有问题可以修改或者删除。确认没有问题，可以点"提交"。接下来由仓管员来做出库单。以仓管员的身份登录轻量端后，把业务日期修改为"2019 年 7 月 11 日"，依次点"销售出库"和"新增—销售业务出库"，发货库存组织选"鸿途集团水泥有限公司"，把日期跨度做大，点"查询"，把出现的发货单勾选，点击右下角红色按钮生成出库单，点"查询"，仓库就要注意选"产成品库"，数量点"自动取数"，取数就成功了，然后点"保存"。确认无误后点"签字"。完成后如图 4-6 所示。

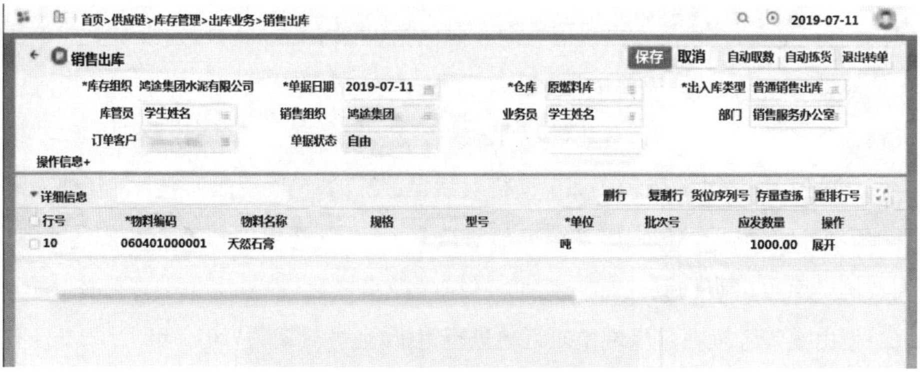

图 4-6　其他商品销售出库单

在"单据追溯"里面,可以从出库单追溯到发货单,再往前追溯到销售订单。

4.2.4.2 应收挂账

接下来由业务财务来做销售发票。2019 年 7 月 11 日,销售发票也随货开票、票随货走,因此业务财务按照销售发票的具体内容进行录入,录入销售发票是在 NCC 轻量端完成的。具体操作时,先在"协作处理"中找到业务财务的头像,点开头像,再选点轻量端,点"销售发票维护"以后,把右上角业务日期改为"2019 年 7 月 11 日",之后点"新增",再点"收票",然后选点"销售出库单",因为这张发票是根据销售出库单生成的。结算财务组织选填"鸿途集团水泥有限公司",时间选择"2019 年 7 月 1 日至今",然后点查询就可以查到这张出库单,勾选这张出库单,点击右下角的"生成发票",就能生成一张有具体信息的发票。生成发票之后,需要确认发票上写的日期是 2019 年 7 月 11 日。因为票到日期就是收到发票的日期,即发票随货到的日期是 2019 年 7 月 11 日,核对无误后就可以保存、提交了。至此,这次销售发票管理维护流程就走完了。

销售环节的应收单由销售发票直接传递生成。业务财务继续往后做(退出后也可以重新登入继续做),把右上角业务日期改为"2019 年 7 月 11 日",再点"应收单管理",此处应收单已经随同发票生成,故只需要搜索出这张应收单进行审查后提交即可。应收单既可以在轻量端模块中找出,也可以在左上角的四叶草里面的"财务会计—应收管理"里面找出,现成的轻量端模块其实是从四叶草中拉出来的快捷通道。点击进入"应收单管理"后,结算财务组织处选填"鸿途集团水泥有限公司",日期选填"2019 年 7 月 1 日至今",点"查询",可以查到这张由发票自动生成的应收单,点蓝色字体部分打开观看,确认无误后点"提交"。提交之后,点右上角"注销",以财务经理的身份登录 NCC 轻量端对这张应收单进行审核。审核具体操作为:点"应收单管理",把右上角业务日期改为"2019 年 7 月 11 日",进"审批中心",就能看到那张待审核的应收单,点开仔细审核后点击"财务经理角色【批准】"即可。在"已审核"里面可以再次找出并点"单据详情"进行仔细观看。

接下来以应收初审岗的身份进入 NCC 轻量端,对刚才那张应收单进行审批。点开"待提取",再点右上角的"任务提取",就可以提取到那张应收单,打开后可以对其进行仔细审查,确认无误后点击"批准"。批准成功之后,总账里面会直接生成 1 张记账凭证,可留待收款后一起由总账主管审批,或者由总账主管立即进入 NCC 轻量端的"凭证审核"里面进行审批。(应收单与收款单会各自自动生成 1 张记账凭证,收款单管理完成后,总账主管共审核 2 张记账凭证。)

4.2.4.3 应收收款

接下来根据应收单生成收款单。以业务财务的身份进入 NCC 轻量端后找到收款单管理,将右上角业务日期改为"2019 年 7 月 31 日"。依次点"新增""应收单",按照应收单新增收款单。首先需要查询到那张应收单,财务组织需要选填"鸿途集团水泥有限公司",日期选择"2019 年 7 月 1 日至今",点"查询",查到应收单之后勾选,点"生成下游单据"。生成收款单之后要注意,收款都是通过银企直连,因此结算方式应该选"网银",收款银行账号是中国工商银行 8309 结尾的账号,核对无误点"提交"。然后以财务经理的身份进入 NCC 轻量端,进"审批中心",找到收款单,进行批准即可。

接下来以应收初审岗的身份进入 NCC 轻量端,对刚才那张收款单进行审批。点开"待提取",再点右上角的"任务提取",就可以提取到那张收款单,打开后可以对其进行仔细审查,并点击"批准"。再以中心出纳的身份进入结算中心,点"结算"即可收款。中心出纳结算成功之后,总账里面会直接生成 1 张记账凭证,可留待总账主管审批,也可以总账主管的身份进入 NCC 轻量端的"凭证审核"里面立即进行审批。进入凭证审核模块后,日期选"2019 年 7 月 1 日至今",基准账簿勾选"包含下级",选中所有单位,点"查询"就可以看到。(应收单与收款单各自自动生成的 1 张记账凭证,总账主管共审核 2 张记账凭证。)

4.3 友阿集团零售业案例

4.3.1 友阿股份实施财务共享前中国零售业概况

改革开放后,中国零售业借鉴西方发达国家的经验并结合本国实际,经过

40 多年的发展达到了欧美发达国家的水平。中国零售业从 20 世纪 80 年代开始由以往的公社逐渐转型为商场,20 世纪 90 年代开始转型为大卖场,21 世纪初逐渐转型为商城购物休闲中心和网络平台销售,最近几年更是发展为网络主播带货,这使得中国零售业呈现多业态、综合化的竞争格局。

在过去 40 多年里,中国经济发展迅速,不断拓展本地市场和国际市场,中国零售业迎来了关键突破期,不论是企业利润增速还是资产规模增速都呈现出较强的发展趋势。2018 年,中国零售总额高达 38 万亿元,10 年内实现翻倍增长。随着互联网和信息技术的发展,尤其是移动互联网给人们生活和工作带来了极大的便利,零售业销售模式受到巨大挑战,行业变革趋势明显。网络零售方式对传统零售的替代面越来越广。2019 年暴发的新冠疫情更加速了零售业数字化发展,使中国零售业对企业和政务数字化的依赖性越来越大。

在企业数字化发展背景下,中国传统零售企业纷纷改变发展思路。第一,转变经营模式,从以线下销售为主转为以线上销售为主,开拓新的成长方式。例如,以银泰百货和永辉超市为代表的零售企业选择创建自营的网络销售平台,考虑多渠道、全渠道转型升级。北京王府井、天虹集团、百联集团都在推进新零售模式的探索,通过自营渠道或与互联网公司合作,在加强自营渠道的基础上开展 O2O 运营,打造线下和线上资源渠道优势,即线下打造实体店营销优势,紧抓实体体验,线上增加客户流量,紧抓数字化营销。第二,通过数字化改变企业管理模式,加强内控质量,提高资金周转效率。传统零售企业逐步利用顾客自助结算、财务共享等数字化管理手段,重新整合供应链管理和内部管理系统,从企业内部精致管理中开拓新的利润空间,达到价值创造的目的。

4.3.2 友阿股份企业简介

4.3.2.1 友阿股份财务共享实施前状况

湖南友谊阿波罗商业股份有限公司,简称"友阿股份",是湖南省一家百货零售企业,是友谊华侨商店和阿波罗商业城 2 家企业合并后的集团企业。友谊华侨商店自 1979 年创建,主营业务是商品销售,兼营工业生产和外贸进出口业务,而阿波罗商业城旗下有多家百货商场,阿波罗与友谊华侨商店的联合经营,能够扩大公司规模和运营能力。2000年,友谊华侨商店与阿波罗商业城实现合并,改建为湖南友谊阿波罗控股公司;2004年,由湖南友谊阿波罗控股股份有限公司发起,设立了现今的友阿股份;2009年,友阿股份在深圳证券交易所上市。

友阿股份的主业是百货零售业,经营业态包括百货商城、奥特莱斯折扣店、购物中心、专业店、网购平台,目前是湖南省规模最大的商品零售企业。友阿股份的零售业务覆盖湖南省各大城市的核心商圈,并在天津市拥有一家奥特莱斯商场。

实施财务共享前夕,友阿股份已经拥有友谊商店AB馆、友谊商城、阿波罗商业广场等7家中高档百货商场,郴州友阿国际广场、常德友阿国际广场等4家大型购物中心,2家奥特莱斯主题购物公园和1家在建的城市奥特莱斯店,友阿电器和友阿黄金专业连锁店,以长沙奥特莱斯购物公园、天津滨海新区奥特莱斯购物公园为代表的新型奥特莱斯购物业态,均为线下经营模式。基于实体业态,友阿股份还推行了线上线下融合的O2O百货零售转型的战略,打造了海外购、微店等线上购物平台。在发展百货零售业的同时,友阿股份也开拓金融板块,成立长沙市芙蓉区友阿小额贷款有限公司和湖南友阿投资担保有限公司,实现"两条腿走路,商业和金融业同步发展"的蓝图。

4.3.2.2 友阿股份实施共享前经营绩效

友阿股份自成立以来一直专注零售主业发展,虽然也兼营宾馆、房地产等,但是所占比例很低。在2018年实施财务共享前,百货零售业收入占公司总收入比重在88%以上,其他行业收入的比重不到12%且在2018年以后表现不乐观。长沙市是友阿股份的主要市场,其在长沙市的营业收入占比近70%。长沙市以外的其他地区带来的营收环比上升幅度显著提高了3个百分点,同比增长9个百分点。同时,友阿股份零售将业务范围逐步扩大,除了传统百货商场、奥特莱斯(折扣店)、购物中心、专业店,还建设网络购物平台。

从经营模式来看,友阿股份主要采用联销、经销及场地租赁等模式。联销是传统商店的常用模式,有助于零售统一管理和布局,属于经营风险低、薄利多销的方式。友阿股份资产规模在实施财务共享之前的10年内从26亿元增长到152亿元,增长4.85倍,旗下的门店数量和物业面积不断增加。截至2018

年底,友阿股份在长沙市内的门店和物业以百货商场为主,在长沙市外以购物中心为主。

4.3.2.3 开拓线上零售业

在发展传统零售业的同时,友阿股份顺应新时代,通过平台融合实现O2O的转型,开拓线上销售渠道,融合线上线下资源,打通各种渠道实现新零售模式。首先,友阿股份在2014年启动网络购物平台建设,初步组建了友阿特品汇,并在2015年增设了"友阿果园""友阿农博汇""友阿海外购"等网络购物平台。其次,友阿股份在开展线上业务的基础上,进一步提升服务品质,于2015年启用线上海外购业务,并于2017年收购欧派亿奢汇51%的股权,形成对欧派亿奢汇的控制权,目的是整合企业自营线上奢侈品供应链资源,帮助海外购服务业务在消费者层面提升自身业务质量。这意味着友阿股份线上业务从满足基础消费,逐渐升级为满足个性消费和日常消费。同时,友阿股份还重视和海外品牌建立长期战略合作关系,不断提升海外购业务的自采能力和进口奢侈品销售领域的竞争力,从而提升海外购的质量。最后,友阿股份在持续开展线上业务的同时,还注重线上线下融合以促进业务增长。2018年,友阿股份开发微店APP,同时开发了与实体门店同步销售的"友阿购"微信小程序,部分门店参与APP和小程序试运行,进一步促进了线上零售业务的发展。

根据2018年友阿股份年报数据,自建"友阿海外购""友阿微店"等线上交易平台交易额为8800多万元,实现营收4000多万元,控股子公司欧派亿奢汇全年通过第三方平台实现的交易额为5亿多元,同比增长59个百分点,线上交易额实现大幅增长。总之,作为传统零售业龙头企业的友阿股份,近年来积极成为业内发展线上线下融合经营的典范,2018年线上平台布局虽然广,但线上购物营收不尽如人意。后期随着公司进一步发展财务数字化,加上2019年新冠疫情促进线上业务发展,其线上营收比例越来越高。

4.3.2.4 友阿股份管理模式变革历程

友阿股份的业务管理从成立以来就不断变换模式,时分时合,管理难度大。2000年,中国零售行业竞争压力小,消费者需求大,人口数量增加快,因此友阿股份成立初期的经营模式为高度集权式管理,整个集团只有一个设在总部的经营中心,经营中心只负责采购业务、功能单一,各门店功能只有销售业务。但随着小康社会的全面来临,以及消费者需求越来越多样化和不同类型零售业务的出现,零售业的竞争越来越激烈,集权管理模式难以满足多样化的业态需求,各门店无法实时获取数据以调整产品服务,难以满足顾客的现代化需求。

2007—2008 年,友阿股份历经了经营模式的彻底改革:撤销唯一的经营中心,相关人员被委派至各门店任职;经营决策权下放至各门店,各个门店在自主经营的同时自负盈亏,分散的门店均转型为独立法人或利润中心。各门店的管理层拥有采购管理、销售管理、库存管理、存货核算等供应链自主管理权,这一让权举措调动了各门店的积极性和经营灵活性。但是,分权经营也带来了很多新的弊端,比如资源分散,集团整体协同力不足,同一集团旗下门店相互竞争,管理成本高,等等。

2014—2015 年,国内零售业竞争呈现白热化状态,分权经营的缺陷日渐显著。为了顺应时代需求,友阿股份尝试变革经管模式:一是基于共享的目的,将资源进行整合,普遍适销的长期经营品牌重新收归集团统一管理,各门店仅负责自身特色产品的采购管理。二是加强集团管控,强调事前管理。在分权经管模式下各分店结算和记账都是独立进行的,总部财务对各个分店只能进行事后财务管控,并且以销售、利润 2 项主要指标考核门店业绩,这种事后监督管控的行为,基于历史财务数据,信息滞后,集团总部每年派遣财务专员对门店进行审核,但不能及时发现问题,发现后也只能事后纠偏,使得实时数据收集难,因此公司开始逐步尝试加强管控,但仍面临较大发展阻力。

2018 年以来,零售业环境变化明显,友阿股份的传统百货业面临数字化转型的挑战,分权经营模式带来的弊端日益显著。由于业务数据分散于各门店,集团总部缺乏实时业务数据,服务功能、指导功能和决策支持都难以与门店发展同时匹配。面对移动互联网和大数据时代新零售模式带来的巨大影响,传统百货业不得不考虑数字化转型,这促使友阿股份深化经营模式变革。财务共享的实施,也正是产生于这一背景下。

4.3.3 友阿股份实施财务共享的动机及目标

4.3.3.1 企业实施财务共享的动机

友阿股份实施财务共享基于内外 2 个方面的考虑：一方面，传统零售业市场行情越来越不景气，企业需要提高产品竞争优势和节约成本；另一方面，集团希望跨市、跨省扩张门店数量与规模，但财务人员素质与招聘问题难解决。

（1）零售竞争从规模扩张转为内部价值挖掘：内控成为关键。

2000—2014 年，随着中国经济和零售业的稳定增长，友阿股份的营业收入和净利润增长速度都保持在较高水平。2004 年，中国就开始推广网络零售，友阿股份紧跟新时代步伐不断改进，收入额并未受到新零售的负面影响。网购平台逐渐成长升级，中国零售业因受网络平台影响，竞争格局逐步发生变化，传统百货业和大卖场的销售情况整体下行。

2014 年，友阿股份的营业收入开始减少。由于网络零售对线下商场的挤占越来越多，友阿股份的营业收入开始减少。友阿股份不得不重新思考适合企业长期发展的新模式以提高资源周转效率，通过内控管理实现成本节约以扩大利润空间。同时，友阿股份也需要实施数字化管理，及时获取分析市场动态，实现事前和事中财务管理，例如：将费用管控从事后的检查提到事前和事中预算控制；将各级单位的销售业务数据由以往的事后获取分析变为事中动态获取分析，为经营管理提供实时数据分析支撑，重新获取竞争优势。随着下级单位数量的不断增加、地域覆盖面的不断扩大，友阿集团管控难度越来越大。为了不同区域的门店的统一核算，实现财务数字化，友阿股份考虑实施财务共享，促进企业整体数字化转型，对接销售需求。

（2）下级单位数量增加导致财务人员必须增员或转去外地工作。

尽管零售市场模式发生了变化，友阿股份仍然不停止扩张企业规模、占有市场，只是扩张层级发生了变化，逐步从省会长沙市中心城区向周边三、四线城市扩展，进入常德、郴州等地区。友阿股份在市场扩张的过程中也遇到财务人员不易招聘的问题，中心城区的财务人员又不愿长期被外派至郊区或三、四线城市。招聘的财务人员水平又参差不齐，导致许多错账和信息不及时现象，不能确保基础财务数据的真实性和准确性,无法满足投资者对信息披露及时性和准确性的需求。财务人员的成长滞后于企业的成长,企业的扩张受人才成长的限制。同时,三、四线城市的工资水平低,工作环境差,人员流动性较大,给财务人员招聘和管理工作带来很大挑战,无法响应集团扩张规模号召,财务核算也经常需要修正错账、漏账,耽误集团信息披露时效。

4.3.3.2　友阿股份实施财务共享的目标

友阿股份期望通过实施财务共享,一方面能够解决公司财务人才招聘与管理的问题,另一方面可以为集团未来业务扩张提供财务服务支撑。友阿股份实行财务共享的目标具体分为以下 4 个。

(1)实现会计工作集中规范,节约成本,提高效益。实施财务共享,满足了未来业务管理的需求,并通过标准规范的集中作业流程实现企业价值提升,提高财务账务处理的效率和质量;帮助基础财务核算更为标准和规范,完成工作效率更高、结果更准确;助 90％的财务核算工作实现智能化,根据业务自动生成记账凭证,不同期间财务报表一键生成,大大提高财务账务处理能力;通过减少会计基础账务工作时间降低对财务人员需求量;使得财务人员集中办公,不仅缓解了招聘压力,也减少了各级单位对财务人员的需求量,解决了财务人员难招聘的问题,将节省的人力成本用于提高财务岗位薪资待遇,有助于稳定财务人员队伍。

(2)促进财务管理工作转型、模式创新。实施财务共享能够促进集团及各门店财务工作重点转向,促使财务人员更多转型投入战略财务工作和各级单位业务财务工作中,为集团业务财务融合提供支持,确保企业在竞争激烈的外部环境下依旧保有核心竞争力。实施财务共享可以帮助集团财务工作向管理会计转型,使以往以核算为主要工作的财务会计转型为以管理为核心的管理会计,在智能化快速处理账务的同时,还注重提升财务服务质量,全面支持管理层决策,使得集团战略落地更有保障,支持企业销售扩张。各门店会计转型为业务财务审核单据、收集数据,财务共享中心财务人员提供财务核算功能,自动生成记账凭证、财务信息自动推送,将财务人员从以往繁杂重复的账务工作中解放出来,真正转型为管理会计人员,满足各级单位的管理需要。财务共享的实施,可以帮助财务经理从业财融合的角度对零售业实施管理,从采购管理、存货核算、库存管理各个视角进行会计管理工作,同时跟进促销活动力度方案,做好纵向与横向经营业绩的比较分析。

(3)加强经营管理能力和风险监管。实施财务共享,还可以加强对各级单位的财务管控力,利用先进的信息化手段打造业财融合的财务数字化平台,实现在业务过程中管控风险的目的。财务人员从事后分析转向事中服务管控,能够及时跟进业务流程的各种数据,如采购数据、成本核算数据、库存管理数据、销售管理数据等,把握流程进度,加强门店业财管控力度,实现经营过程化管控预警,提升集团风险管控能力。财务共享中心按照统一的财务政策与法规提供指导和培训服务,减少业务人员的违规事件,管控集团法律风险。各级单位财务经理在经营过程中随时提供财务政策与税收法规的说明解读工作,达到防控财务风险、维护信息安全的目的。

(4)财务数据实现规范统一,便于分析、支持决策。通过实施财务共享,友阿股份作为集团企业,引入了先进的信息化系统,实时高效地收集并分析各级单位的业财数据。通过财务共享制度规范化管理,友阿股份实现财务信息的标准化,规范信息质量,保证对外公开披露信息的准确完整。为实施财务共享,友阿股份建设了较完备的数据库,完善了数据基础,能在经营过程中发现问题、解决问题,对集团的决策提供数据分析依据。

4.3.4 友阿股份财务共享服务中心建设历程

4.3.4.1 从了解财务共享模式到立项决策

友阿股份实施财务共享经历了多年的设计过程,准备充分后才开始落实工作。在友阿股份实施财务共享前,其管理层已经积累了丰富的财务共享管理知识。2012 年,友阿股份高层管理人员一接触到财务共享就非常感兴趣,管理层对其展开了调研和学习,结合当时业务和财务部门面临的各种困境,财务部门开始考虑将各级单位的财务核算工作归集到集团总部集中处理、集中生成和保管数据。2013 年,友阿股份财务总监带领财务岗位员工多维度地学习了财务共享知识,管理层与财务人员一起报名学习了财务共享方面的相关课程。从集团管理层到门店财务经理,都开始理解了财务共享理念并达成一致,为下一步财务共享实施奠定基础。2014 年,友阿股份财务部第一次提出了实施财务共享的思路,获得了高层管理人员的支持,并希望能够以财务共享模式改革作为数字化转型关键。但是由于数字化建设条件并不成熟,多年的分权经营模式已经固定,各门店作为集团的经营主体和利润来源已经习惯了自主管理供应链。集团总部长期以类似于后勤的角色出现,这时候想要实施财务集中核算和费用集中报销,被各门店认为是分散经营管理权的行为,可能影响经营效率,因此并没有受到各门店的欢迎,相较推行阻力不小,友阿股份实施财务共享的计划只能暂时搁置。2018 年 6 月,友阿集团财务部门再次提出实施财务共享的设想。自2014 年以来,中国传统零售业的经营模式使其经历了较长时期的利润下滑,友阿股份各实体门店销售业绩不断下降、压力增大,亟须从集团管理模式变革上挖掘降本增效的空间。而实施财务共享可以将门店的部分财务人员转到集团总部工作,从而减少门店整体的运营成本。2018 年,友阿股份的信息系统需升级,涉及的模块众多,包括业务、物流、预算、AI 及网上营销、APP、直播等。会计信息系统作为关键部分,顺利推进财务共享的阻力不大。因此,这次实施财务共享的计划从立项开始就得以快速通过并推进。

4.3.4.2 供应商选择

2018 年 6 月,友阿股份财务部门多次向高层领导递交申请并最终立项成功,于是马上开始了招标、签订合同、前期调研、设计方案等工作。在供应商招标问题上,友阿股份关注的重点是必须满足企业信息化可持续发展需求。从2000 年起,友阿股份就构建了信息管理系统,并基于该系统开展了相关规则的制定,财务共享平台作为企业数字化的一部分,也需要与现有业务财务系统相对接。由于系统对接可能存在信息风险,友阿股份从最初考虑选购同一家供应商变为选定用友作为财务共享主平台供应商来负责实施财务共享项目,并选定石基软件来升级业务系统。之所以选择石基软件,主要是因为友阿股份的信息系统是 2000 年购买的石基软件,已经使用多年,并且该系统对接友阿股份进行财务共享个性化开发,沿用会比较方便。

4.3.5　友阿股份财务共享中心

4.3.5.1　财务共享服务模式

友阿股份在考虑财务共享中心的服务模式时,首先从建设目标入手,要求能够达到支持业务扩张、加强管控力度和降本增效的目的,其次要满足企业多元化经营的需要,注意各个板块之间的差异,执行力度需要从各级单位进行增强,并且有一定程度的风险承受能力。在经过多番考量后,友阿集团选择单中心模式的财务共享中心。

4.3.5.2　财务共享中心组织设计

友阿股份财务共享中心由4个部分组成,分别为报账中心、结算中心、核算中心和数据中心。这4个中心分别负责不同的事项。报账中心是全体员工的报账平台,可以收集各类业务数据,并且对接各类平台,包括APP、发票系统、往来管理系统等。结算中心负责对集团所有资金进行分配管理,实现资金的收付与结算。核算中心将财务业务进行统一核算,统一不同地区、不同部门、不同门店的财务数据,收集到财务共享中心进行统一处理。数据中心是所有业务财务数据的收集与加工处理中心,将大量数据进行汇总分析,实现业财数据统一记录与加工,从而保证数据分析的及时性与准确性。

友阿股份财务共享实施的组织机构主要以共享财务为服务和沟通核心,发展出战略财务和业务财务,并由其对各级单位展开战略管理与指导工作。财务共享中心不仅要对所有公司进行财务核算,而且还必须委派战略财务和业务财务对总部及各级单位进行数据与战略管理,最终实现财务集中而非集权、管理沟通更方便、对业务运行支持力度更大的管理会计功能。友阿股份的财务共享中心下设5个作业组:应收应付组、运营管理组、费用组、资产组、报表组。友阿股份的财务共享中心具备重视业务思维、业财深度融合的特点。通过合理的设计流程与组织架构,友阿股份内控管理力度得到提升,业财一体化流程得到优化,人员实现精简,财务分工优化,企业管理水平整体提高,可持续发展能力更强。

5 资金结算共享

5.1 资金结算共享

5.1.1 业务概述与分析

　　资金结算业务与之前主营业务产生的往来结算业务概念区别比较大。往来结算业务最大的特点在于针对营业收入与支出相关业务事项进行结算,而资金结算主要针对与营业外收入和支出不相关的资金流活动进行结算,如日常零星事项产生的非业务范围的现金流活动。资金结算包括以下几种常见情况。第一,企业的罚款收入。这种情况是直接收到现金或银行存款,但是与营业无关,从罚款业务发生到审批通过直至最终结算完成整个业务流程都与企业经营业务无关。第二,企业与企业之间通过网银直接转账,但不涉及营业收支。从银行获得相关信息之后,会计只需要及时进行核算确认就可以了,也就是填制记账凭证。第三,不涉及往来的公司内部相互划账。公司内部的相互划账,包括集团总部向子公司划账或者分(子)公司向集团总部划账。第四,不涉及往来付款的水电费支出等。针对这种情况案例企业会委托银行自动扣款,结算完成之后,只需要会计对该事项进行核算确认即可。第五,不涉及往来付款的企业日常开支等。企业通过银企直联向提供企业各个部门日常用品的供应商支付款项。

　　当然,以上情况的资金运动流程同样都涉及审批与付款步骤。从审批到银企直连支付,流程比较短,速度比较快。

实训案例企业——鸿途集团目前主要处理资金结算业务,包括处理不涉及营业收入往来的收付款,也就是不涉及产生供应链合同或者收付款合同的收付款业务,而且都由各个业务单位如子公司、分公司的财务人员自行完成相关的零星资金结算业务。案例企业的财务流程涉及 2 种主要单据:一种是付款结算单,另一种是收款结算单。案例企业的付款结算单,主要处理水电费支出、银行手续费支出等,不涉及业务往来的资金业务,由各个业务单位的出纳或者会计人员操作完成。而案例企业的收款结算单主要用于结算利息收入等,以及处理不涉及营业业务的资金流入。这种业务通常由业务单位财务人员或者业务人员直接操作完成即可。缺少财务共享中心,就使得各个业务单位在发生这种收支的时候,处理起来非常混乱,财务记账核算方式也很难统一。各自为政、散乱结算的方式导致集团不能进行有效的资金统管,也无法满足合作企业及员工付款的方便性和及时性的要求;不能将资金支付、审批流程、数字签名等进行一个有效的整合,更无法保证付款过程的安全性,操作风险较大。在财务数字化的今天,业务单位各自为政的资金结算方式不仅难以提高合作企业和员工的工作积极性,反而会导致优秀人才的流失。

5.1.2 虚拟业务场景

场景一:鸿途集团于 2019 年 7 月 5 日缴纳上个月公司行政办公大楼的水费。物业公司已经开具了增值税专用发票,包括税率 3%。发票上所记载的情况为:上个月应该缴纳的费用明细是水费,含税金额总计是 36675.24 元,不含税金额 35608.00 元,服务提供对象是绿城物业服务集团有限公司。自来水费专用发票抵扣联和发票联分别如图 5-1 和图 5-2 所示。

场景二:2019 年 7 月 8 日,综合办公室的经理杨天波,在公司召开中层干部会议时,无故缺席,因此被罚款 300 元。当天,杨天波反映自己误读了会议通知,但也同意罚款,通过网银直接将罚款转入公司的账户。银行收款电子回单如图 5-3 所示。

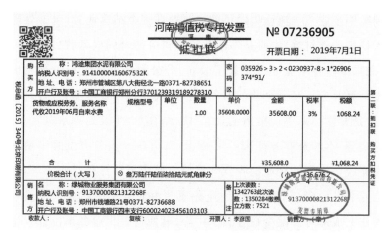

河南增值税专用发票

抵扣联

№ 07236905

开票日期：2019年7月1日

购买方	名　　称：鸿途集团水泥有限公司 纳税人识别号：91410000416067532K 地 址、电 话：郑州市管城区第八大街经北一路0371-82738651 开户行及账号：中国工商银行郑州分行3701239319189278310			密码区	035926＞3＞2＜0230937-8＞1*26906 374*91/		
货物或应税劳务、服务名称	规格型号	单位	数量	单价	金额	税率	税额
代收2019年06月自来水费			1.00	35608.0000	35608.00	3%	1068.24
合　　计					¥35,608.00		¥1,068.24
价税合计（大写）	⊗ 叁万陆仟陆佰柒拾陆元贰角肆分				（小写）¥36,676.24		
销售方	名　　称：绿城物业服务集团有限公司 纳税人识别号：91370000821312268F 地 址、电 话：郑州市钱塘路21号0371-82736688 开户行及账号：中国工商银行四丰支行600024023456103103			备注	上次读数：1342763此次读数：1350284缴费立方数：7521		

收款人：　　复核：　　开票人：李彦国　　销售方：（章）

税总函〔2015〕340号北京印刷有限公司

第二联：抵扣联 购买方扣税凭证

图 5-1　自来水费专用发票抵扣联

河南增值税专用发票

发票联

№ 07236905

开票日期：2019年7月1日

购买方	名　　称：鸿途集团水泥有限公司 纳税人识别号：91410000416067532K 地 址、电 话：郑州市管城区第八大街经北一路0371-82738651 开户行及账号：中国工商银行郑州分行3701239319189278310			密码区	035926＞3＞2＜0230937-8＞1*26906 374*91/		
货物或应税劳务、服务名称	规格型号	单位	数量	单价	金额	税率	税额
代收2019年06月自来水费			1.00	35608.0000	35608.00	3%	1068.24
合　　计					¥35,608.00		¥1,068.24
价税合计（大写）	⊗ 叁万陆仟陆佰柒拾陆元贰角肆分				（小写）¥36,676.24		
销售方	名　　称：绿城物业服务集团有限公司 纳税人识别号：91370000821312268F 地 址、电 话：郑州市钱塘路21号0371-82736688 开户行及账号：中国工商银行四丰支行600024023456103103			备注	上次读数：1342763此次读数：1350284缴费立方数：7521		

收款人：　　复核：　　开票人：李彦国　　销售方：（章）

税总函〔2015〕340号北京印刷有限公司

第三联：发票联 购买方记账凭证

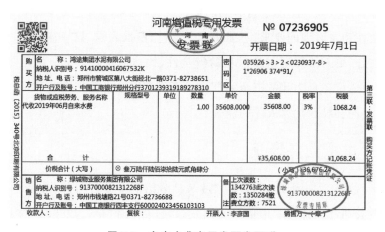

图 5-2　自来水费专用发票发票联

ICBC 中国工商银行　　电子回单（收款）

金融@家

入账日期：2019-07-08　　电子回单号：20190708056372

付款单位	户名	杨天波	收款单位	户名	鸿途集团水泥有限公司
	账号	100923803467892848		账号	3701239319189278309
	开户行	中国工商银行 四丰支行		开户行	中国工商银行郑州分行管城支行
金额（大写）		叁佰圆整	金额（小写）		¥300.00
转账用途		会议缺席罚款			

制单人：　lg0002　　流水号：034209　　银行签章

图 5-3　银行收款电子回单

5.1.3　预备知识

资金结算业务虽然出现在我们"云会计与智能财务共享"课程中的第 5 章，但是，在多数传统会计教材中，资金结算所涉及的相关会计基础知识会被安排在第 2 章。这里的会计分录都是属于比较简单的分录内容。罚款收入属于现金流入，银行存款增加，因此借方是银行存款/收入户，仅因为是非主营业收入，所以贷方记营业外收入。付水费也是企业最常见的费用支出之一，借方是管理费用/水费（购买办公用品常常出现在企业日常开支中，传统基础会计原理中提及的水费记账分录其实跟这笔分录非常相似，也是借方记管理费用），进项税可以抵扣，因此借方同时写上"应交税费——应交增值税——进项税额"，贷方记银行存款的支出金额，这些都可以根据发票内容直接读取。具体分录如下：

借：银行存款/收入户

　　贷：营业外收入/罚款净收入

借：管理费用/水费

　　应交税费——应交增值税——进项税额

　　贷：银行存款/支出户

以上分录会在业务审批后自动生成于财务共享系统中。

5.1.4　操作步骤

5.1.4.1　资金结算工作流程启用

此处应启用主收款单和主付款单的工作流程。如果是比较简单的资金结算，比如企业只是收到员工的罚款收入，或者是支付水电费，那么这个时候是不用去跟业务来往的单位签订任何合同的，财务只需要把员工的罚款收进来，然后把水电费交掉就可以了。其中不会产生任何供应链的合同或者收付款合同。这 2 个实训涉及的单据与工作流程都比较简单，只涉及付款结算单和收款结算单 2 个工作流程，属于财务共享中心作业组。工作流程的流程起点从一开始就已非常接近财务共享中心。

首先以系统管理员的身份登录重量端，单击"动态建模平台－流程管理"，找到"工作定义－集团"双击进入，打开"现金管理"，找到付款结算单和收款结算单（也可以用搜索栏），把"主付款结算单"和"主收款结算单"2个工作流程分别点"启用"就可以了。启用成功之后，流程状态变成播放的符号。此时，可以双击打开工作流程看看里面的岗位流程设置，可以看到起步岗位是业务财务。

5.1.4.2　付款结算

接下来做付款结算。2019年7月5日，鸿途集团向绿城物业缴纳上个月的公司行政办公楼水费，后者开具的是增值税专用发票，税率3%。含税与不含税金额在发票中都可以看到。业务财务登录轻量端，将业务日期改为"2019年7月5日"，到"现金管理"里面点开"付款结算"，点"新增"，结算财务组织选填"鸿途集团水泥有限公司"，结算方式选"网银"，付款银行账户选中国工商银行8310结尾账号，交易对象类型选"供应商"下的"外部供应商"，向下拉可以找到绿城物业，点"确定"。对方的收款银行选绿城物业的收款银行账号。

接下来是填写表体部分，收支项目选"支出－管理费用－水费管理"。无税金额在发票里面是看得非常清楚的，应该填35608元，继续往右拉，税额填1068.24元，付款原币金额填36675.24元。水费是由综合办缴纳的，故部门应选综合办里面的办公室，不能只选综合办，必须选末级部门，即最后一级为"0101办公室"，点"保存"并提交。接下来以财务经理的身份进入NCC轻量端，打开"审批中心"，找到这张单据，确认无误后就点"批准"。再以应付初审岗的身份登录轻量端，提取任务并审核。之后由共享中心出纳进入轻量端进行支付，点击"结算"，找到付款结算单后点"支付－网上转账"（结算时，如果是收入，则点击"结算"；如果是付款，则点击"支付"）。支付成功之后，系统会自动生成记账凭证，以总账主管的身份进入NCC轻量端的"凭证审核"里面立即审批。总账主管进入凭证审核模块后，日期选"2019年7月1日至今"，基准账簿勾选"包含下级"，选中所有单位，点"查询"就可以看到应付单与付款单各自自动生成的1张记账凭证，总账主管共审2张记账凭证，至此流程结束。

5.1.4.3　收款结算

接下来做收款结算。杨天波由于没有参加会议，被罚款300元，他就通过网银将罚款转入公司的收入账户,因此来来往往都是通过网银的,而且杨天波的鸿途集团财务账户也有档案。首先以业务财务的身份登录 NCC 轻量端,直接进入"现金管理"里面去做收款结算,右上角业务日期修改为"2019 年 7 月 8 日",点"收款结算",再点"新增",结算财务组织选"鸿途集团水泥有限公司",结算方式选"网银"。收款银行账户工行有 2 个账户:一个是以 8309 结尾,另一个是以 8310 结尾。以 8309 结尾的账户主要是用来收款的,以 8310 结尾的账户是用来付款的,打开学习资源里面的"银行收款电子回单",可以看到收款单位的账号是以 8309 结尾的,交易对象类型选"人员",不用填客户,业务员选"综合办公室-办公室"里面序号 2 的员工,编码为 z002032,但没有找到杨天波,因为顶岗实习的学生代替了杨天波。表体项目里面收款银行账户已经自动带过来了,收支项目选"营业外收入/罚款净收入",收支金额填"收到 300 元",收支项目一定要填对。完成后如图 5-4 所示。保存提交之后,如果不知道下一步怎么做,在联查审批详情里面打开就可以看到下一步应该由财务经理(红底)来完成,故进行账号注销。

图 5-4　收款结算单

接下来以财务经理的身份进入 NCC 轻量端,打开"审批中心",找到这张单据,可以把标题部分展开来看一下,确认没有问题就点"批准"。之后以应收初审岗的身份登录轻量端,提取任务并审核。再之后以共享中心出纳的身份进入轻量端办理收款,找到收款结算单后点"结算"(结算时,如果是收入,则点击"结算";如果是付款,则点击"支付")。成功之后会自动生成记账凭证。此时以总账主管的身份进入 NCC 轻量端的"凭证审核"里面进行审批:总账主管进入凭证审核模块后,日期选"2019 年 7 月 1 日至今",基准账簿勾选"包含下级",选中所有单位,点"查询"就可以看到应收单与收款单各自自动生成的 1 张记账凭证,总账主管共审核 2 张记账凭证,至此流程结束。

5.1.5　流程设计指导

财务流程如果需要再造,一定要记得 2 个基本要求:核算统一与权限。流程设计即财务流程再造。目前,财务共享系统中的标准流程可以作为参考样本进行创新设计,加入新的岗位或者设计新的限制条件,都可以更快、更好地实现集团统一管控。

5.2　收付款合同结算

5.2.1　业务概述与分析

收付款合同指的是企业与外单位签订的用于营业业务以外的收款或付款的合同,这种合同与销售采购等供应链不相关,但发生在供应链流程中。收付款合同结算,是指企业依据与外单位签订的收付款合同的明细条款进行结算的行为。收付款合同管理是依据已签订并生效的合同,帮助企业相关财务部门加强合同收付款业务的流程管控。这种管理方式支持企业根据以自身为当事人的合同依法进行录入、登记、审批、履约、变更、冻结、终止等一系列活动,有助于降低企业的资金管理风险,提高部门之间的协作效率。

收付款合同结算的流程通常会经历 3 个业务阶段。第一阶段是收付款合同的签署。企业的相关业务部门与外部单位经过协商谈判达成一致后,拟定收付款合同明细条目,经审批通过后就可以生效,同时进入履约的状态。第二阶段是收付款合同的履约,也就是应收或应付挂账。企业与合同中指定的对象发生应收或应付业务时,财务部参照合同进行应收或应付账款的确认。第三阶段是收付款合同的结算流程。收付款合同的执行人可以根据相应收付款计划或者按照企业结算审批流程,进行具体的收款或付款。

目前,我国企业的结算业务分为 4 个发展阶段,分别是柜面结算阶段、网络银行阶段、银企直联阶段和当下的云服务阶段。在柜面结算阶段,企业员工必须去开户行的对公网点才能办理结算业务,如果结算业务多、去银行路途遥远,会导致业务结算办理效率低下和劳动力浪费。在网络银行阶段,企业开通多家银行的对公网银,多个 U 盾的使用管理也比较烦琐,账户相对比较分散,难以快速准确地获取与归集资金信息,不能快速掌握集团企业的资金总量,员工或法人的个性化需求也无法得到快速满足。在银企直联阶段,多家银行与企业进行银企直联并签订证书,使用和管理烦琐,容易出错,多家银行分别对接开发和运维的难度也比较大,而且使用成本比较高,故大中型企业使用这种银企直联的方式比较多。在云服务阶段,一点接入就可以支持所有的主流银行,一套 U 盾就可以操作所有银行的资金结算,使用和管理安全灵活,大中小型企业都可以使用,能够快速实现普惠金融;软件采购专线网络及维护成本也得到了大幅度的降低,因为将计算机的服务提升到云计算这个阶段,大型集团企业可自行建设云服务。中小企业大型付费私有云(如阿里云)或者公有云企业来承接大量的软硬件系统的采购维护工作,员工个人与法人的个性化需求容易得到满足,还能实现大数据分析。

企业网银虽然提供了便捷的自助交易,使得企业与外部单位在交易过程中不再受时间和空间的限制,交易流程更简易,但是集团企业日常资金处理量庞大,并且同一企业在不同银行有多个结算账户,银行账户查询或清算时需要逐一登录不同的银行网银系统,工作依旧繁杂重复。另外,集团企业都有自己的管理信息系统,通过企业网银实现的交易信息,还需要录入管理信息系统中,这也加重了工作的繁杂。因此,企业网银虽然促进了交易便捷化,但多银行账户和与管理信息系统不对接等问题,导致了财务工作的繁重。

相比企业网银,银企直联通过互联网或手机连接的方式,将企业的管理信息系统与银行综合业务系统直接对接。一键点击接入实现企业所有结算账户获取银行提供的付款、余额查询、回单查询等服务,因此即使财务人员不登录网银,也能实现会计信息系统自动完成对各个法人单位结算账户的查询、转账、资金归集、信息获取等功能,并在管理信息系统中自动登记。与银行签订协议后,企业就能在会计信息系统中启用银企直联的功能,并直接在企业的信息系统中使用银企直联的服务。会计信息系统种类非常繁多,国内与财务挂钩的管理信息系统包括用友、金蝶等,国外包括 SAP、ORACLE 等,这些会计信息系统都能够实现银企直联。

案例企业在云会计系统里面部署了多种合同管理的模块,具体包括销售、采购和项目等供应链模块,因此也有多种合同。在合同结算的环节,需要利用大量的业务单据,才能实现对合同的管控。在供应链管理过程中,录入的单据根据往来单位的名称自动带出往来单位的相关业务合同,这是供给申报人的便捷选择。各部门的审核人员需要根据合同上方的编号,对合同进行查询并审批。合同结算时,不再需要相关业务人员上传合同的复印件。没有实行业务合同录入的合同,比如总部管理的合同、下属公司管理的相关服务合同等,由各级单位的财务人员在收付合同模块直接录入。自动控制技术结算中的难点与痛点主要包括收付款合同的签订流程。企业各个分(子)公司的流程不统一,集团也无法及时获得准确的结算合同方面的情况。对于超金额的收付款控制,集团也没有统一的控制点,从而增加了合同执行的风险。

5.2.2 虚拟业务场景

用例 1:收款合同结算

天海中天精细化工有限公司要设计和试制一种新型水泥石,特聘请鸿途集团为其提供水泥石研制方法培训,合同金额为 4.24 万元(其中增值税率 6%,增值税额 0.24 万元),期限 1 周。合同详细信息参见原始凭证。

合同名称:培训服务合同。合同编码:SK－201907005。合同甲方:天海中天精细化工有限公司。合同乙方:鸿途集团水泥有限公司。合同标的与金额:乙方为甲方提供水泥石研制方法培训,培训结束后收取含税金额 4.24 万元。收款方式:培训结束后一次性收取。收款合同结算测试用例。合同登记日:2019 年 7 月 8 日。开票确立应收日:2019 年 7 月 22 日。收款日:2019 年 7 月30 日。

用例 2:付款合同结算

鸿途集团销售处拟聘请广东万昌印刷包装有限公司为服务方,为本公司设计新产品广告文案,双方签订了设计服务合同。合同标的内容:新产品广告文案设计服务。合同名称:设计服务合同。合同编码:FK－201907012。合同甲方:鸿途集团水泥有限公司。合同乙方:广东万昌印刷包装有限公司。合同金额:5.30万元,其中包括增值税额0.30万元(增值税税率为6%)。付款方式:项目验收后一次性支付。付款合同结算测试用例。合同登记日:2019年7月1日。开票确立应收日:2019年7月15日。付款日:2019年7月20日。

5.2.3 预备知识

在案例企业签付款合同开始采购并收到货物与发票的时候,会计做账应从收到服务方案开始,借方记管理费用,由于甲方所购买的是设计服务,因此借方管理费用的二级明细科目是设计服务。此时只是收到发票并没有付款,因此根据发票价税合计金额,贷方记"应付账款——应付货款"。辅助项是对应的供应商的名称。借方同时除了记入管理费用的不含税单价以外,还应该在"应交税费——应交增值税(进项税额)"这个科目里面计入税额。

案例企业在付款之后,会计在借方通过"应付账款——应付货款"记上付的全款。贷方写银行存款支出额度,因此贷方应该是"银行存款——支出户"。具体会计分录如下:

借:管理费用——设计服务

  应交税费——应交增值税(进项税额)

  贷:应付账款——应付货款

借:应付账款——应付货款

  贷:银行存款——支出户

5.2.4 操作步骤

5.2.4.1 工作流程启用

此处应启用收款合同和付款合同的工作流程。本次实训涉及的工作流程包括付款合同、应付单、付款单、收款合同、应收单、收款单,这些都是属于财务共享中心作业组的工作。

首先以系统管理员的身份登录重量端,单击"动态建模平台—流程管理",

找到"工作定义—集团"双击进入,打开"收付款合同"的"＋",找到付款合同和收款合同,对"付款合同"和"收款合同"2个工作流程分别点"启用"就可以了。启用成功之后,流程状态会变成播放的符号,可以双击打开工作流程看看里面的岗位流程设置,也可以看到起步岗位都是业务财务,档案综合岗注意要将合同执行生效。

5.2.4.2　付款合同结算

根据实训案例的付款合同关键信息来做NCC系统里面的付款合同,发起人应该是业务财务岗。以业务财务的身份登录NCC轻量端后,找到收付款合同模块,按照合同原件将业务日期改为2019年7月1日。如果不确定合同信息,可以看单据里面的原始合同内容和签订日期,找到自己这个付款合同管理员新增。财务组织选"鸿途集团水泥有限公司",合同名称填"设计服务合同",合同编码填"FK－201907012",合同类型选"付款合同通用类型"。签字生效日期和计划开始日期都是2019年7月1日,计划截止日期是2019年9月30日,本方银行账号是以8310结尾的中国工商银行账号。供应商应该选"外部的供应商——广东万昌",对方银行账号也是选广东万昌的银行账号。因为以前录入过广东万昌的档案,直接给选填过来就行。物料选"服务—设计服务",合计金额53000元,可以到原始发票上读取,税额是3000元。税码和税率都是6%。完成如图5-5所示。之后点"提交",在审批详情中可见下一步应该是由财务经理审批。接着注销账号。

图 5-5　付款合同

　　以财务经理的身份登录 NCC 轻量端,修改业务日期为"2019 年 7 月 1 日",点"审批中心",找到付款合同后进行审批。审批通过之后,点右上角注销账号。

　　以档案综合岗的身份登录 NCC 轻量端,修改业务日期为"2019 年 7 月 1 日",提取任务后进行审批。审批后点"执行－生效"。点"执行－生效"这一步非常重要。如果不点,则无法生成下游单据。下游单据为应付单。

　　接下来由业务财务做应付单。2019 年 7 月 15 日,采购发票也随货同到,业务财务按照合同和采购发票的具体内容在 NCC 轻量端完成录入。具体操作时,首先在"协作处理"中找到业务财务的头像,点开头像,再选点"轻量端",先把右上角业务日期改为"2019 年 7 月 15 日",之后点"新增",然后选点"付款合同",因为是根据付款合同生成这张应付单的,点"提交"即可。点右上角"注销"之后,以财务经理的身份进入 NCC 轻量端,点"应付单管理",将右上角业务日期改为"2019 年 7 月 15 日",进"审批中心"就能看到那张待审核的应付单,点开仔细审核后点击"财务经理角色【批准】"即可。在"已审核"里面可以再次找出并点"单据详情"进行仔细察看。

　　接下来以应付初审岗的身份进入 NCC 轻量端,对刚才那张应付单进行审批。点开"待提取",再点右上角的"任务提取",就可以提取到那张应付单,打开后对其进行仔细审查,审核无误后点击"批准"。批准成功之后,总账里面会直接生成 1 张记账凭证,可以留待付款后一起由总账主管审批,或者以总账主管的身份进入 NCC 轻量端的"凭证审核"里面立即审批。(应付单与付款单会各自自动生成 1 张记账凭证,付款单管理完成后,总账主管共审核 2 张记账凭证。)

　　接下来根据应付单生成付款单,以业务财务的身份进入 NCC 轻量端找到"付款单管理",将右上角业务日期改为"2019 年 7 月 20 日"。点"新增",选点"应付单",按照应付单新增付款单,首先需要查询到那张应付单。财务组织选填"鸿途集团水泥有限公司",日期选择"2019 年 7 月 1 日至今",点"查询",查到应付单之后勾选,点"生成下游单据"。生成付款单之后要注意,付款都是通过银企直连,因此结算方式应该选"网银",付款银行账号是以 8310 结尾的中国工商银行账号,核对无误后点"提交"。接着以财务经理的身份进入 NCC 轻量端,进"审批中心",找到付款单,进行批准即可。

　　接下来以应付初审岗的身份进入 NCC 轻量端,对刚才那张付款单进行审批。点开"待提取",再点右上角的"任务提取",就可以提取到那张付款单,打开后可以对其进行仔细审查,确定无误后点击"批准"。批准成功之后,总账里面会直接生成 1 张记账凭证,可以留待总账主管审批。也可以直接以总账主管的身份进入 NCC 轻量端的"凭证审核"里面立即审批,进入凭证审核模块后,日期选"2019 年 7 月 1 日至今",基准账簿勾选"包含下级",选中所有单位,点"查询"就可以看到应付单与付款单各自自动生成的 1 张记账凭证,故总账主管共审核 2 张记账凭证,至此流程结束。

5.2.4.3 收款合同结算

根据实训案例的收款合同关键信息来做 NCC 系统里面的付款合同,发起人应该是业务财务岗。以业务财务的身份登录 NCC 轻量端后,找到收付款合同模块,按照合同原件将业务日期改为"2019 年 7 月 5 日"。如果不确定合同信息,可以查看单据里面的原始合同内容和签订日期。在付款合同管理页面点"新增",财务组织选"鸿途集团水泥有限公司",合同名称填"培训服务合同",合同编码填"K-201907005",合同类型选"收款合同通用类型"。签字生效日期和计划开始日期都是"2019 年 7 月 5 日",计划截止日期是"2019 年 9 月 30 日",本方银行账号是以 8309 结尾的中国工商银行账号。客户应该选"天海中天",对方银行账号也是选天海中天。因为以前录过天海中天的档案,所以直接选填过来就行。物料选"培训服务",合计金额为 42400 元,可以到原始合同票上读取,税额是 2400 元。税码和税率都是 6%。完成后如图 5-6 所示。之后点"提交",在审批详情中可见下一步应该由财务经理审批。然后注销账号。

以财务经理的身份登录 NCC 轻量端,修改业务日期为"2019 年 7 月 5 日",点"审批中心",找到收款合同后进行审批。审批通过之后,注销右上角账号。

以档案综合岗的身份登录 NCC 轻量端,修改业务日期为"2019 年 7 月 5 日",提取任务后进行审批。审批后点"执行—生效",这一步非常重要,如果不点,则无法生成下游单据。下游单据为应付单。

接下来由业务财务做应收单。2019 年 7 月 15 日,业务财务按照合同具体内容进行录入。具体操作的时候,首先在"协作处理"中找到业务财务的头像,点开头像,再选点轻量端,先把右上角业务日期改为"2019 年 7 月 15 日",之后

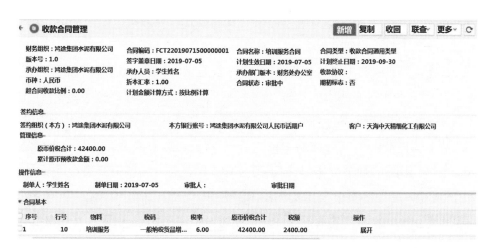

图 5-6　收款发票

点"新增"，然后选点"收款合同"，因为是根据收款合同生成这张应收单的，点"提交"即可。点右上角"注销"之后，以财务经理的身份进入 NCC 轻量端，点"应收单管理"，将右上角业务日期改为"2019 年 7 月 15 日"，进"审批中心"就能看到那张待审核的应收单，点开"仔细审核"后再点击"财务经理角色【批准】"即可。在"已审核"里面可以再次找出并点"单据详情"进行仔细观看。

　　接下来以应收初审岗的身份进入 NCC 轻量端，对刚才那张应收单进行审批。点开"待提取"，再点右上角的"任务提取"，就可以提取那张应收单，打开后可以对其进行仔细审查，确定无误后点击"批准"。批准成功之后，总账里面会直接生成 1 张记账凭证，留待收款后可以一起由总账主管审批，或者以总账主管的身份立即进入 NCC 轻量端的"凭证审核"里面进行审批。（应收单与收款单会各自自动生成 1 张记账凭证，收款单管理完成后，总账主管共审核 2 张记账凭证。）

　　接下来根据应收单生成收款单，以业务财务的身份进入 NCC 轻量端后找到"收款单管理"，将右上角业务日期改为"2019 年 7 月 20 日"。点"新增"，选点"应收单"，按照应收单新增收款单，首先需要查询到那张应收单，财务组织选填"鸿途集团水泥有限公司"，日期选择"2019 年 7 月 1 日至今"，点"查询"，查到应付单之后勾选，点"生成下游单据"。生成收款单之后要注意，由于收款都是通过银企直连的，因此结算方式应该选"网银"，付款银行账号是以 8309 结尾的中国工商银行账号,核对无误后点"提交"。再以财务经理的身份进入 NCC 轻量端,进"审批中心",找到付款单,进行批准即可。

接下来以应收初审岗的身份进入 NCC 轻量端,对刚才那张收款单进行审批。点开"待提取",再点右上角的"任务提取",就可以提取到那张收款单,打开后对其进行仔细审查,确定无误后点击"批准"。批准成功之后,总账里面会直接生成 1 张记账凭证,可以留待总账主管审批,或者以总账主管的身份直接进入 NCC 轻量端的"凭证审核"里面立即进行审批。进入凭证审核模块后,日期选"2019 年 7 月 1 日至今",基准账簿勾选"包含下级",选中所有单位,点"查询"就可以看到应收单与收款单各自自动生成的 1 张记账凭证,总账主管共审核 2 张记账凭证,至此流程结束。

5.3　南粤交通资金共享案例

5.3.1　南粤交通集团简介

如何理解专做资金共享的财务共享项目?作为高速公路行业代表的南粤交通,在建设资金财务共享服务中心时应赋予其怎样的特色?南粤交通应该怎样利用资金财务共享项目促进新型管理会计在集团落地生根?本节通过观察南粤交通资金财务共享实施的进程与成效,研究公路行业实施资金财务共享的建设动因和推进步骤,向读者呈现了基于大数据服务的中心出纳岗位职能及实施财务共享后的企业全貌,并分析该行业财务共享应有的特色,重点回答了财务共享实施怎样助力南粤交通从资金财务职能向管理会计职能转型升级,作为行业内资金管理的典型案例,为其他企业及研究者提供调研借鉴与参考。

南粤交通于 2012 年 12 月 31 日正式成立,全称为广东省南粤交通投资建设有限公司,主要从事交通建设投资与筹资、广东省政府高速公路建设经营管理和贷款偿还。南粤交通在高速公路行业中属于典型龙头企业,上游行业是水泥钢铁等行业,下游行业为汽车房地产等行业。南粤交通历经 6 年的快速发展后,成长为 2000 亿级资产规模的高速公路企业,其主业的投融资和还贷,是典型的资金密集型企业,因此该集团对财务管理水平和资金周转效率的要求更高。高速公路行业本身投资建设期比较长,资金占用规模大,现金回收期较长,南粤交通以资金管理为核心账务,财务数字化转型面临不小的挑战。以核算和报告为特征的传统财务不能满足数字时代企业管理的需求,故南粤交通必须引入智能财务代替传统财务,通过实施资金财务共享驱动企业财务数字化转型。

5.3.2　南粤交通实施财务共享的影响因素与目标

传统的财务管理模式受到时空的限制,各级单位财务管理分散,服务效率低下。资金财务共享服务中心不仅能通过互联网实现跨时空的财务管控和财务集中核算,而且能及时收集各个业务单位实时发生和传输的业务数据,以同一标准形成集团数据池,最大限度地降低企业的管理成本和信息化成本。南粤交通实施财务共享的动机分为外部环境因素与内在集团因素。

5.3.2.1　外部环境因素:成为财务数字化变革政策示范单位

影响南粤交通建设财务共享中心的外部环境因素有 3 点:第一,响应国家相关政策的要求深化会计改革,实现财务会计向管理型会计转型升级的政策目标。通过实施财务共享,将以往繁杂的基础会计核算工作统一集中处理,帮助会计人员从过去分散重复的基础工作中解脱出来,实现传统会计从核算型向管理型转变,从而促进管理会计的发展,改善企业管理,推动现代会计深化改革目标的实现。第二,顺应人工智能和数字新时代的发展趋势,实现数字化信息公开披露的必然要求。信息技术的快速发展和"互联网+"、物联网的广泛应用,宣告着数字化时代的来临,中共中央、国务院高度重视企业数字化发展,明确要求建设国家政府数字化平台,并率先在交通等领域实现数字化管理。南粤交通各级单位数字化平台是国家交通行业政府数字化平台建设的重要组成部分,也是广东省数字化政务的重要内容。第三,其他国内企业和外企成功实施了财务共享,为南粤交通提供了现实参考范本。国内企业有宝钢、华为等大型企业作为先行范本,安永企业咨询有限公司亦在其发布的财务共享调查报告中提供了156 个以上提升财务效能的样本企业,这些优秀案例都有助于南粤交通自身共享项目的实施;并且,南粤交通的共享项目实施单位中有 75% 都已经在自身企业实施了财务共享服务模式。这些实施单位的财务管理绩效可供南粤交通实施财务共享参考。

5.3.2.2 内在因素:资金集中管理和风险管控需求

南粤交通建设共享中心的内在因素具体也分3点:第一,出于集团实施资金集中管控的需要。资金密集型企业的资金规模大,并且分散在各单位的开户银行。南粤交通也是如此,无法集中监测所有单位的可用资金,闲置较多,更没有充分发挥各单位资金的协同效应;南粤交通未打通各级单位之间的资金使用、调拨通道,不但会造成企业资金闲置,还会增加资金机会成本和利息支出。南粤交通针对自身资金余额分散和支付量大的问题,应考虑利用信息化技术加强资金头寸管理,管控资金风险。第二,出于强化资金监管的需要。南粤交通未实施财务共享前的财务管理体系,无法完全支持所属各级单位的资金管理工作得到充分的监管,各单位的财务工作具有相对独立性,导致各级单位的资金管理工作部分偏离集团整体要求,使集团无法有效地监管资金变动。虽然南粤交通的资金财务工作已基本形成了一套规范的标准管理体系,但并未实现集团范围内的信息化处理。调研结果显示,南粤交通的资金财务工作需要进一步变以核算为主为以管理为主、变事后总结为事前预测纠偏、变结果管理为过程管理,因此南粤交通必须选择合适的管理会计信息系统,才能促进资金系统的转型。第三,出于财务人员独立与账务单位的建设需要。实施资金财务共享服务前,各级财务人员的工作地点和管理权都分散在各个子级单位,固定在一特定单位从事其财务核算活动,接受所在单位管理层的直接管理,这样一来就会影响财务人员工作的相对独立性,财务的监督职能也会难以发挥,内控制度的作用难以通过财务岗位发挥出来。实施财务共享,将财务人员统一集中到共享中心工作,或者分散委派到各个单位却依然接受共享中心的指导,这样既能实现财务人员工作独立于各级单位,又能有效发挥财务的监督职能。

5.3.2.3 财务共享中心建设目标

财务共享中心建设目标为风险管控、质量监督、效率提升、相对独立、协同和转型兼具。第一,实施财务共享加强风险管控,实现全集团范围内的实时财务管理。实施资金财务共享服务,打破时间与空间的限制,实现真正的财务集中管控。第二,财务共享实施后使用的信息化平台,能够提高会计数据信息的报送质量。平台单据以统一的样式进行填写或选填,共享作业组人员按照相同的处理标准对报销单据进行审核,信息系统按照系统设置规则自动录入并生成会计凭证信息;采用标准流程实施的财务核算,把业务处理方式与填写要求内容完全统一,降低了会计差错率,提高了财务核算的准确度。第三,保障集团范围内所有资金安全,通过集中资金提高其使用效率。财务共享连接各大信息平台后,各项目分散在各银行账户上的零星资金得到实时的归集,实现了各个项目零散资金的动态信息共享,能随时统一调度安排以发挥资金的规模效应和协同效应,提高企业筹资能力。第四,提升财务人员客观独立性,发挥监督职能。南粤交通通过财务共享中心实现了财务人员、财务处理和财务数据的共享,使财务人员在执行财务职能时能够避免业务所属单位的压力和环境等因素的影响,提升财务人员的工作独立性,保证他们在各自岗位上发挥足够的监督职能。第五,通过资金协同效应实现企业战略管理。财务共享中心改善了财务组织结构,使财务相关信息流通更快、失真少,通过共享平台提高财务岗位的应变能力、分析能力、判断能力和执行力。财务共享中心能在数据管理上实现实时获取数据、实时分析数据和实时出具报告,帮助企业实现战略管理目标。第六,管理型会计转型升级,实现智能财务。财务组织共享化扭转了过去会计工作中的“二八定律”,将以往80%的低附加值重复型会计工作集中于20%的财务人员手中,使得80%的财务人员得以解放出来并从事管理型工作。财务共享发挥了财务决策支撑功能,推动财务工作从核算型向管理型转变,实现智能财务、实时会计。

5.3.2.4 资金共享项目可行性分析

经企业内部业务单位调研确认,企业集权有度,财务组织人力资源优质,主营业务相对集中且同质,核算标准容易统一。南粤交通主营业务包括交通建设投资与筹资、政府为高速公路建设还贷业务、高速公路经营和管理业务,其他业务很少,业务类型单一。因此,南粤交通及下级公司的财务和业务工作容易做到按统一的规则单据和流程进行处理。为了实现资金财务管理方式统一,南粤交通对财务管理体系进行满足数字化需求的完善,编写各项资金的内部管理制度,实现了会计核算方式、资金管理模式、预算管理规范和日常管理规范的集团内部统一,实现业财流程的标准化操作。基于企业贷款偿还生命周期的角度,南粤交通建立了对应管理的标准财务管理制度与体系,准备纳入财务共享实施后的流程设计中。为了实现高度的财务集权管理,基于单一的业务形式,南粤交通的财务人员管理也比较容易集中,子级单位财务人员都能够直接通过集团总部招聘和调配。对于资金收支,南粤交通也一贯通过遵守银行贷款提款报备制度进行统一安排,资金管理的集中是财务共享中心建设的有力保障。为了保障优质的人力资源,南粤交通借鉴先进企业经验,对财务人员进行培训、定期轮岗、开展标杆活动等不断提升财务组织的整体水平,打造集团高质量发展的管理会计人才队伍。

5.3.2 南粤交通资金财务共享服务中心建设概述

5.3.2.1 建设历程:方案设计历时 1 年,试运行半年,正式上线 4 个月

2016 年 1 月,南粤交通资金财务共享实施团队开展了研讨会议,按调研、资料搜集与分析等需求分配初期方案设计任务,2016 年中开始设计方案初稿,2016 年底向公司主要领导汇报审批方案具体内容;2017 年开始对各级单位进行调研,根据调研结果完善方案,2017 年中方案提交公司董事会审批通过定稿;2017 年 9 月,根据方案提出的实施需求投放招标,选定用友集团为南粤交通资金财务共享项目的供应商和合作方;2017 年 10 月,南粤交通开启资金财务共享项目实施建设工作,2017 年 12 月完成系统建设;2018 年上半年,共享中心在集团范围内试运行,2018 年 7 月正式上线。

5.3.2.2 实施要点:搭建资金财务共享服务平台的关键操作

(1)财务共享为管理会计铺垫道路,提供工具。

互联网信息化财务系统的选购,是决定财务共享项目实施成败的关键所在。南粤交通在开始设计财务共享实施方案时就非常重视财务信息化平台的选购问题,管理层和项目实施方都认识到财务共享服务平台应该能够连接各个

信息化平台,这种连接既包括对集团内部的连接,也包括对集团外部信息系统的连接,财务共享平台绝对不能单独存在,而是连接各种平台的中心枢纽,为企业各级单位和各个部门提供多种视角的帮助。财务共享从2个视角为管理会计铺垫道路:一方面,促进财务会计人员工作效率的提升,把会计人员从过去基础重复的工作中解放出来,按照财务共享岗位需要进行培训,帮助其投身于管理会计岗位工作,管理会计岗位需要提供人力资源基础;另一方面,收集大量业务数据,形成数据池,为企业管理会计提供数据分析的基础信息,为后续的数据整理、报表一键输出、管理层决策提供数据支撑,从而促进传统财务会计向新型管理会计转型升级。

(2)分批试点,全面上线,搬迁挂牌。

2017年9月,南粤交通完成了资金财务共享项目的招标工作,同年10月正式开始实施,2017年底系统平台建设工作完成。2018年上半年,财务共享系统按模块分批开展全集团范围内的试运行,自2018年7月起正式全面上线,成功实施资金管理服务共享管控新模式。2019年6月,南粤交通按财务新岗位要求将财务人员搬迁到新的办公地址,然后正式挂牌成立财务共享中心。

(3)会计信息化特色功能模块。

南粤交通资金财务共享服务中心信息系统包括报账模块、影像扫描系统、电子发票管理系统、电子档案管理系统、资金管理系统、大屏展示系统、银企直联系统、移动审批模块等特色功能。

(4)财务数据通过大屏集中、动态、实时展示。

南粤交通为财务共享系统配备大屏系统,通过大屏实时动态展示企业全部财务数据,使得财务监控逐步实现动态化、全局化。财务共享服务中心用BQ工具设计财务大数据仓库,实现财务大数据管理公开透明,能够及时展示、汇总各级单位和各个部门的路段收支数据,并实时展示银行贷款和预算等情况。财务共享平台内置管控规则,实现预算管控规则内置、费用申请单实时联查预算,刚性控制预算规则,超预算申请单无法保存,一键归档响应国家"绿色档案"管理政策。

5.3.2.3　可持续发展:资金共享服务可持续迭代发展创新

在南粤交通资金财务共享服务中心可持续发展的过程中,有以下几项长期发展目标需要达成:第一,将共享中心与 OA 系统对接,实现报账与 OA 联查功能,同时也要争取联通收费系统,实现收费系统与财务共享系统实时联动对账功能;第二,共享中心对接商旅服务系统、采购系统,实施智能商旅、智能采购服务,实现商旅和采购办公透明化;第三,优化业务流,简化审批流,提高管理生产力;第四,重视共享中心信息平台后期建设,实现主动共享财务数据和共享资金渠道,实时向企业内外监管部门提供真实有效的数据;第五,引入管理型会计的工作模式,逐步形成集团数据池;第六,对接导入银行机构的对私服务内容,为企业员工提供个性化的金融服务。

5.3.3　南粤交通资金财务共享服务中心信息化应用状况

5.3.3.1　资金财务共享服务中心信息化总体架构

(1)资金财务共享服务中心信息化架构。

南粤交通资金财务共享服务中心信息系统架构主要由报账业务前端、共享运营中端和财务管理后端三部分构成,嵌入影像扫描系统和电子会计档案系统,对接合同管理系统和银行结算系统等不同架构的信息化系统。报账前端包括移动手机端用友报账 APP 和网上报账系统;财务共享运营中端主要包括共享服务作业平台,集成电子影像系统、电子发票和电子会计档案系统,各个平台系统分别能够实现集中作业组作业,提供任务提取规则、作业流程管理、作业组与作业人员绩效管理,以及质量控制,等等;南粤交通建设的财务管理后端主要由财务核算、资金管理和预算管理三大系统构成,含费用报销、应收应付管理、固定资产管理、总账核算等核算功能模块,资金管理和银企直联等服务项目,以及预算编制、全面预算和执行控制等管理功能。

(2)资金财务共享服务数据大屏系统架构。

南粤交通财务共享数据大屏项目所采用的信息化架构包括显示数据来源、进行数据采集、数据分析建模、应用与输出可视化 4 个层次。在数据来源方面,大屏系统可供实时采集和观测数据变化;在数据采集方面,实现了平台之间数据交换、集成与治理,考虑了数据安全与质量、数据生命周期等管理问题;数据分析与建模包括多个终端和资源库的功能建设;应用与可视化针对多个层面分析结果进行展示。

(3)财务共享电子档案管理架构。

南粤交通财务共享电子档案管理系统分为业务层面、档案产品层面、电子档案系统前端,将数据档案的输入、检测、匹配、统计分析、实体档案管理等统一到一个平台上加以管理。

5.3.3.2 共享中心信息系统应用情况

共享服务大数据屏幕展示技术应用将财务数据、业务数据和档案数据通过原因和影响因素分析展示到不同屏幕模块中,再通过档案管理系统统一展开归档管理、系统管理等工作。

5.3.3.3 南粤交通财务共享服务的要点

南粤交通实现资金财务共享的要点包括领导层高度重视、项目组成员与各级单位积极沟通、财务信息标准化建设提前开展,最终实现 3 个月时间内完成财务共享实施。

5.3.4 南粤交通实施资金财务共享特色与价值

(1)共享中心功能与战略定位:实现了财务人员、财务部门的共享,实现了财务岗位转型为管理会计岗位;立足实际需要,定位为资金的财务共享中心;设计方式与设计思路立足流程、信息化和人力资源基础;对外提供咨询服务,输出建设成功后的计划与方案,提供一定量的财务服务输出。

(2)资金共享中心管理特色:财务人员集中管理、通过一带多模式培养员工职业能力、集中地点办公、定期轮岗、省会城市招聘优势满足优质人力资源需求。

(3)共享中心组织特色:组织架构采取主任级下辖各个作业组模式,作业组包括会计核算、报表税务、管理会计、内部稽核、资金结算、融资、综合管理、技术支持、政策研究等,其中政策研究组是亮点。该组会研究财会相关理论与政策,起到知识管理的作用。

(4)财务共享总体特色:先计划后实施,业财融合,实施敏捷,资金管理与共享并举,技术可持续发展应用。

5.3.5 南粤交通财务会计向管理会计转型

(1)通过财务共享实施实现智能决策,建立以政策为导向的管理报告体系:以宏观经济政策为研究起点,以业务数据和预算为编制报表的基础,自动生成管理建议书。

(2)实施控制预算、解决关键问题:预算编制覆盖面广,预算编制预算实现口径统一,预算前置包括年度预算和额度预算控制,预算实现方式通过审批—凭证—执行三步骤进行。

(3)财务数字化动态呈现决策:大屏展示系统实现了财务数字化动态决议的过程与结果。

(4)财务大数据实现了财务预测和财务风险管控。

(5)政策与文献研究指导实践操作。

(6)重视人才培养以实现管理会计岗位代替财务会计岗位。

6 固定资产管理共享

6.1 新增固定资产

6.1.1 业务概述与分析

固定资产是指企业用于生产经营、使用年限在 1 年以上的资产,预期能为企业带来经济利益。固定资产的管理业务有很多不同场景:第一种业务场景就是新增固定资产,即对固定资产进行购买、新建或者捐赠接收,这也是最常见的;第二种是固定资产变动;第三种是对固定资产进行定期或不定期的维护管理;第四种是对资产进行同一集团内不同法人之间的调拨;第五种是对固定资产进行盘点;第六种是对固定资产的期末进行减值折旧或者报废处理。

新增固定资产的业务场景主要包括 NCC 系统中的手工进行固定资产的新增、资产购置的提交申请、在建工程转固定工程,以及固定资产盘盈导致的资产新增。手工新增固定资产是指不通过申请直接进行固定资产新增的流程,就直接通过手工来增加固定资产的卡片。这是对固定资产管理比较粗放的企业使用的管理方法。资产购置申请适用于对固定资产管理比较严格精细的企业,这种企业要求使用部门在新增固定资产时首先提交申请,由部门主管、相关经办人、财务业务领导轮流审批之后才能够增加固定资产。在建工程转固定资产是指在建工程项目竣工之后形成的产出物已经达到可使用状态或已经投入使用,需要进行转为固定资产的处理。固定资产盘盈新增是指企业在定期或不定期的固定资产盘点过程中发现有固定资产盘盈,这时需要将盘盈部分的固定资产记录入账。

固定资产变动场景是指固定资产在整个生命周期内的使用权发生了一定的变化，例如，使用部门发生了调整，管理部门发生了调整，固定资产的存放地点发生了调整，等等。因此，固定资产变动可能发生的场景包括固定资产的价值调整、固定资产追溯调整、固定资产使用部门调整，以及其他类型的变动。固定资产的价值调整是指固定资产购买时入账的价值，或者原值发生了调整，包括对固定资产设备进行技术改造或者维修过程中发生维修费用的资本化，以及固定资产项目产出物的价值调整。资产追溯调整是指当与企业固定资产相关的会计政策发生变更或者出现重大的前期差错时，可能需要对固定资产价值进行的追溯调整。固定资产使用部门发生调整，是指资产的使用部门发生了变化，故需要进行部门之间的调整。固定资产的其他变动情况指的是固定资产的属性发生了其他类型的变动。

固定资产维护场景包括固定资产评估、固定资产减值和固定资产减少等3种主要的场景。固定资产评估指的是企业在上市、兼并、收购、抵押、破产等情况发生时，需要对固定资产进行重新评估，这时应聘请专门的评估机构通过科学、客观、严谨的方法，设定特殊的评估目的后，对企业的资产进行价值重估。资产评估是一个相对比较复杂的过程，必须由专业的独立的机构派遣专业人员才能完成。

固定资产减值是指企业外部的财务环境、市场环境或者金融环境发生变化的时候，企业的固定资产可能存在的减值风险。这时，固定资产的现有价值可能小于市场的公允价值，为了规避财务风险，减少可能给企业带来的不利影响，企业要对相应的固定资产做一定金额的减值准备。固定资产减少指的是当固定资产由于使用磨损或陈旧之后或者使用期限已满，而不能够继续使用，或者因为技术的进步必须淘汰旧的固定资产，选用新的先进设备进行替代时，需要对陈旧的固定资产进行的报废处理。除了固定资产报废以外，对固定资产进行出售和捐赠等也会导致固定资产的减少，这也是固定资产退出企业的方式。

固定资产调拨指的是在同一企业集团之下，可能存在不同的子公司、分公司和财务共享中心，那么在这些财务组织之间，固定资产所有权可能发生一定的转移，因此固定资产所有权在不同财务组织的同一集团下进行转移的情况就称为资产调拨。固定资产调拨一定涉及资产的所有权发生转移，而不能仅仅是固定资产的使用权、使用的部门、管理的部门发生转移。不涉及所有权发生的改变是可以直接通过资产变动业务来完成的，而不需要进行资产调拨。

固定资产盘点是指保证固定资产的实物价值与账务或账本数据一致的一项重要业务，是防止企业固定资产流失的一个重要手段。通常情况下，企业会用比较长的一个时间周期来进行固定资产盘点，特别是固定资产比较多的企业。企业固定资产盘点业务，不仅要求关注固定资产的实物数量和价值的信息，也要求关注固定资产在企业的存放位置和使用部门等信息。固定资产盘点结束之后，信息化系统输出盘盈、盘亏及因此而产生的数据差异，并完成必要的数据调整。发生盘亏时，就需要做固定资产减少，而盘盈时则需要做固定资产新增，这些都需要按照盘点差异额的实际信息来对账面固定资产金额进行调整。

固定资产的期末处理场景包括固定资产折旧与摊销、固定资产月末结账，以及固定资产的对账。固定资产的折旧与摊销是固定资产的核心业务，也是财务会计重要的业务处理流程之一。固定资产折旧摊销过程涉及企业所有固定资产折旧金额计算，按照不同要求、不同口径进行归集与分摊。折旧计算的过程中，需要考虑固定资产在一个会计期内发生的所有变动调整。固定资产月末结账是指集中处理各类财务业务，同时将固定资产相关的数据按照期间进行归类划分标识，为以后的固定资产数据进行统计查询、分析提供规范的基础。固定资产对账是指在期末时将固定资产模块中的业务数据与总账模块中的固定资产的数据进行一一核对。这项业务通常发生在财务月末结账之前，因为一旦发现固定资产业务系统与总账业务系统之间的数据存在不一致，通常需要在月末结账之前找出原因，必要时需要消除异常数据，实现子系统与总账系统的对账平衡。

实训案例企业——鸿途集团是重资产比较多的一个企业，它主要的固定资产是大型水泥生产设备或者水泥搅拌设备等。鸿途集团的《固定资产管理制度》将固定资产主要分为 6 类：①房屋及建筑物，折旧年限 25 年；②机器设备，折旧年限 10 年;③运输工具,折旧年限 5 年;④办公设备,折旧年限 5 年;⑤生活设备,折旧年限 5 年;⑥电子设备,折旧年限 3 年。

固定资产管理包括价值管理和实务管理两种。实训案例的价值管理主要包括由财务部负责固定资产的新增变动和处置,以及折旧核算。这些都是对固定资产的具体金额进行管理。另外,综合办公室负责固定资产的实物管理,协助财务部来配合共同定期核查公司的固定资产具体情况,确保固定资产账实相符。在固定资产管理系统中,固定资产价值管理是在 NCC 固定资产模块中进行,而固定资产的实物管理是在 NCC 资产模块中进行。

6.1.2 虚拟业务场景

2016 年 7 月 15 日,鸿途集团质控处办公室提出申请,需要购买 1 台空调,放在办公室供员工使用,属于生活设备类型。经上级领导审批通过之后,由综合办公室专员向庆峰五金贸易公司发起工作业务流程,进行采购。这项采购申请的请购信息包括:采购的商品名称是空调,采购商品的产地是中国,定频为1.5p,大概能够满足 15—25 平方米的房间使用,物料分类是壁挂式空调,含税价格为 1999 元,无税单价 1769.03 元,税额为 229.97 元,增值税税率 13%。2019 年 7 月 20 日,公司同时收到货物和发票,并进行会计处理。2019 年 7 月25 日,财务共享中心出纳支付了全部价款。图 6-1 和图 6-2 分别为空调发票抵扣联和发票联。

图 6-1 空调发票抵扣联

图 6-2　空调发票发票联

6.1.3　预备知识

本次实训需要预备的会计基础知识包括 2 笔会计分录的相关专业知识。第一笔分录是采购分录。案例企业采购收到固定资产，把它入账固定资产——办公设备科目，因此借方记固定资产——办公设备，金额增加。借方应该是入账固定资产的原值，也就是无税金额 1769.03 元。同时，固定资产的进项税准予凭增值税专用发票的进项税额抵扣，借方填写"应交税费－应交增值税－进项税额"，金额是 229.97 元。由于此时支付款项需要走审批流程和工作流程，因此贷方不能直接填写银行存款的减少，而应该填写"应付账款——应付设备款"，供应商是对应的合作企业——庆峰五金贸易公司。财务流程走完，出纳支付全部价款之后，应付账款从借方冲抵。因此，借方记"应付账款——应付设备款"，客商信息也是庆峰五金贸易公司，贷方这时就是银行存款的减少，走银行存款的支出户账户。

借：应交税费——应交增值税——进项税额　　　　　　　229.97

借：固定资产——办公设备　　　　　　　　　　　　　1769.03

　　贷：应付账款——应付设备款（客商：庆峰五金贸易公司）　1999

借：应付账款——应付设备款（客商：庆峰五金贸易公司）　1999

　　贷：银行存款——支出户（银行账户：鸿途集团人民币活期户）1999

6.1.4 操作步骤

本次实训操作的主要单据和相关流程包括采购订单、采购发票、应付单、付款单、固定资产卡片。

6.1.4.1 流程启用

做采购订单时,要注意采购订单所涉及的审批流程种类比较多,不只有采购产品的审批流程,还有采购固定资产的审批流程。因此在实训操作中,应当以系统管理员的身份登录 NCC 重量端,在"动态建模平台—流程管理—审批流程定义—集团"里面,找到"采购管理"并打开,打开"采购订单"的"＋",看到这里面采购订单分很多种类,在采购管理的章节里启用的是原燃料采购、备品备件采购等,而这次实训用到的是固定资产采购审批流程。启用固定资产采购这个流程,双击打开"审批流程",可以看到是由综合办公室来发起采购的,再由综合办公室经理来审批。

6.1.4.2 采购订单与发票

以综合办公室专员的身份登录 NCC 轻量端,修改右上角业务日期为"2019年7月15日",点击进入"采购订单维护",发起这次采购,点"新增—自制"。采购组织选"鸿途集团水泥有限公司",订单类型选"固定资产采购",供应商选"外部供应商—庆峰五金贸易公司",物料选"35 家电—3501 智能设备",数量应该是 1 台,然后点"保存提交"。提交之后,再以综合办公室经理的身份进入 NCC 轻量端进行审批。记得要注销综合办公室专员账号。在联查里面可以观看审批详情和单据追溯。完成后如图 6-3 所示。

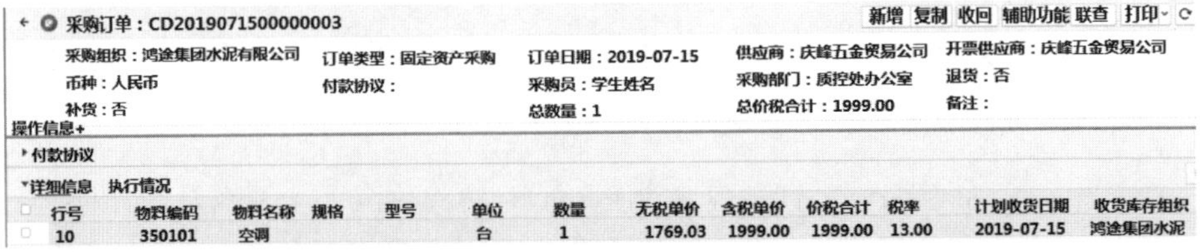

图 6-3 空调采购订单

在综合办公室经理审批之后，以业务财务的身份登录 NCC 轻量端做采购发票。点"采购发票维护"，收到发票的时间是 2019 年 7 月 20 日，支付价款的时间是 2019 年 7 月 25 日，因此业务时间应该是"2019 年 7 月 20 日"。点"新增—收票—采购订单"，然后按采购订单的收票，结算财务组织是"鸿途集团水泥有限公司"。为了方便查找，尽量扩大时间范围，然后点"查询"，找到那张订单后并勾选，点右下方红色按钮生成发票，发票的结算方式是"网银"，不用填发票号，核对无误后点"保存提交"。完成后如图 6-4 所示。

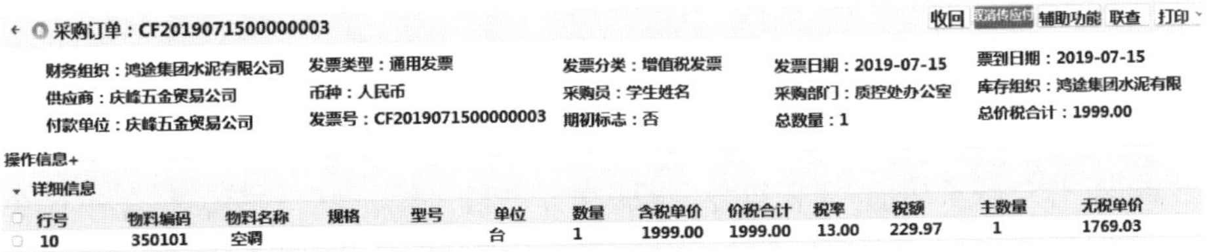

图 6-4　空调采购发票

6.1.4.3　应付单

采购环节的应付单由采购发票直接传递生成。在业务财务里继续往后做（退出后也可以重新登录继续做），将右上角业务日期改为"2019 年 7 月 20 日"，再点"应付单管理"，此处应付单已经随同发票生成，只需要搜索出这张应付单进行审查后提交即可。应付单可以在轻量端模块中找出，也可以在左上角的四叶草里面的"财务会计—应付管理"里面找出来，现成的轻量端模块其实是从四叶草中拉出来的快捷通道。点击进入"应付单管理"后，在结算财务组织处选填"鸿途集团水泥有限公司"，日期选填"2019 年 7 月 1 日至今"，点"查询"就可以查到由发票自动生成的这张应付单，点蓝色字体部分打开观看，查看无误后点"提交"。提交之后，应该由财务经理对这张应付单进行审核。点右上角注销之后，以财务经理的身份进入 NCC 轻量端，点"应付单管理"，将右上角业务日期改为"2019 年 7 月 20 日"，进"审批中心"就能看到那张待审核的应付单，点开仔细审核无误后点击"财务经理角色【批准】"即可。在"已审核"里面可以再次找出并点"单据详情"进行仔细观看。完成后如图 6-5 所示。

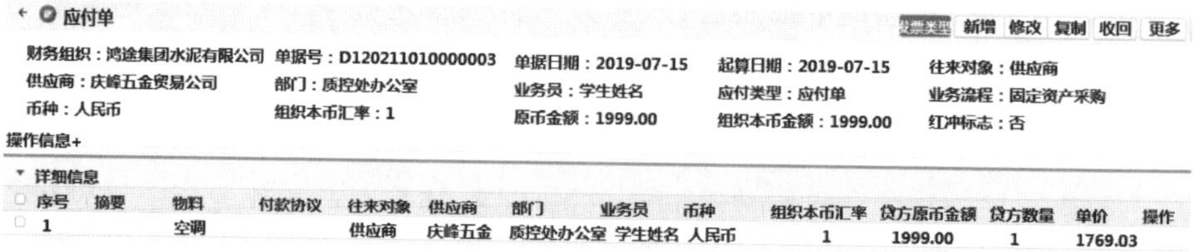

图 6-5　采购空调应付单

接下来以应付初审岗的身份进入 NCC 轻量端,对刚才那张应付单进行审批。点开"待提取",再点右上角的"任务提取",就可以提取那张应付单,打开后可以对其进行仔细审查,确认无误后点击"批准"。批准成功之后,总账里面会直接生成 1 张记账凭证,可以留待付款后一起由总账主管审批,或者由总账主管进入 NCC 轻量端的"凭证审核"里面立即进行审批。(应付单与付款单会各自自动生成 1 张记账凭证,付款单管理完成后,总账主管共审核 2 张记账凭证。)

6.1.4.4　付款单

接下来,以业务财务的身份进入 NCC 轻量端根据应付单生成付款单。进入 NCC 轻量端后,找到付款单管理,将右上角业务日期改为"2019 年 7 月 25 日"。点"新增",选点"应付单",按照应付单新增付款单,首先需要查询到那张应付单,财务组织选填"鸿途集团水泥有限公司",日期选择"2019 年 7 月 1 日至今",点"查询",查到应付单之后勾选,点"生成下游单据"。生成付款单之后要注意,付款都是通过银企直连的,因此结算方式选"网银",付款银行账号是中国工商银行 8310 结尾的账号,核对无误后点"提交"。接着再以财务经理的身份进入 NCC 轻量端,进"审批中心",找到付款单,进行批准即可。完成后如图 6-6 所示。

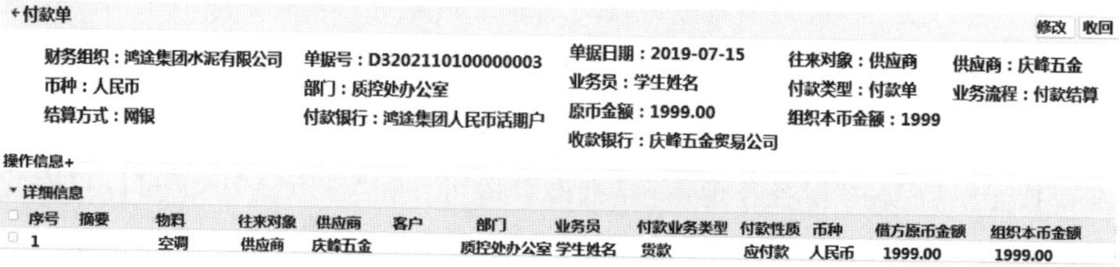

图 6-6　采购空调付款单

接下来以应付初审岗的身份进入 NCC 轻量端,对刚才那张付款单进行审批。点开"待提取",再点右上角的"任务提取",就可以提取到那张付款单,打开后可以对其进行仔细审查,确认无误后点击"批准"。批准成功之后,总账里面会直接生成 1 张记账凭证,留待总账主管审批。以总账主管的身份进入 NCC 轻量端的"凭证审核"里面立即进行审批,进入凭证审核模块后,日期选"2019 年 7 月 1 日至今",基准账簿勾选"包含下级",选中所有单位,点"查询"就可以看到应付单与付款单各自自动生成的 1 张记账凭证,故总账主管共审核 2 张记账凭证,至此流程结束。

6.1.4.5　新增固定资产卡片

以资产核算岗的身份进入 NCC 轻量端,做新增这台固定资产的卡片,最后一个步骤要求做一张固定资产的卡片。很多集团企业都会设立一个固定资产管理部门,专门针对企业所有的固定资产进行维护和管理,会为每一台固定资产设备设一张卡片。点"新增——通用资产",财务组织选中"鸿途集团水泥有限公司",资产名称输入"空调",增加方式填"直接购买",使用状况填"使用中——在用",资产类别填"生活设备",使用部门填"质控处办公室",管理部门为综合办公室,使用人不需要填,原值为 1999 元。表体下面信息会自动生成,相关的其他信息就不需要了,接下来就点"保存"。完成后如图 6-7 所示。

图 6-7　新增固定资产卡片

6.1.5　流程设计指导

在企业采购固定资产流程之中,各项单据流转及各岗位之间的互相合作会产生协同效应,提升企业员工之间的流程效率。因此,我们应该研究采购过程中的具体环节,以及如何通过财务共享信息系统的流程管理设计进行优化。分组讨论后按照小组设计思路,在财务共享系统中设计新的流程。设计过程中,应注意企业的生活设备与生产设备采购的区别优先级设置。

6.2　固定资产变动

6.2.1　业务概述与分析

如果固定资产使用部门发生了变动,那么案例企业里就会涉及原币的原值发生变动、本币的原值发生变动、累计折旧发生变动、管理部门发生变动、使用部门发生变动、使用人发生变动等多种情况。固定资产在变动过程中也必须按流程进行审批和处理。首先,固定资产的变动应该由资产管理部门发起,而固定资产的资产管理部门是综合办公室,故由综合办公室专员在 NCC 系统中发起使用部门变动。需要先填写好调整单,提交给综合办公室经理审批,然后由资产会计根据调整单的内容进行审核,这个流程就结束了。

6.2.2　虚拟业务场景

2019 年 7 月 12 日,案例企业鸿途集团综合办公室专员,将 1 台笔记本电脑(属于:电子设备)的使用权,从销售服务办公室(部门编码:0501)调整至供应处办公室(部门编码:0601)。笔记本电脑具体信息如下:

商品名称:ThinkPadE480

屏幕尺寸:14.0 英寸

系列:ThinkPad—E 系列

分类:轻薄本

原值:4900 元

累计折旧:816.66 元(半年)

6.2.3　预备知识

固定资产发生了部门之间使用权上的转移,是不影响企业任何报表项目金额的,也不影响任何固定资产账面金额的,因此在这个实训中,不需要做任何会计分录处理,资产会计账面只需要做固定资产卡片记录即可。

6.2.4　操作步骤

6.2.4.1　流程启用

针对固定资产要调整到别的部门的情况,所使用的单据是使用部门调整单。以管理员的身份登录 NCC 重量端,选"动态建模平台—流程管理",双击打开"审批流程定义—集团",打开"资产变动"的"＋",单击"使用部门调整",点"启用",让流程状态变成这个播放按钮的状态,流程启用就成功了。

6.2.4.2　使用部门调整单

案例企业鸿途集团的一台电脑的使用部门发生了变动,在实训案例中的业务日期是 2019 年 7 月 12 日。一台笔记本电脑 ThinkPad E480,从原来的销售服务办公室调整到供应处办公室。由综合办公室专员发起流程,从 NCC 轻量端登录,将右上角业务日期修改为"2019 年 7 月 12 日",点"固定资产使用部门变动",点"新增",财务组织选"鸿途集团水泥有限公司",业务日期写"2019 年 7 月 12 日",表体固定资产类别选"电子设备－ThinkPad E480",变动前部门是"销售服务办公室",变动后部门是"供应处办公室",点笔尖形状的按钮,再点"参照"按钮,将部门改选为"供应处办公室",之后点"确定",核查无误之后点"保存提交",之后可以去查审批详情,并展开表体信息仔细查看。注销账号后,以综合办公室经理的身份登录 NCC 轻量端,将右上角业务日期修改为"2019 年 7 月 12 日",可以看到审批中心未处理的单据有 1 张,点击打开,核对无误后点"批准"。完成后如图 6-8 所示。

| 资产使用部门变动：ZCBD202111010001 | | | | | | | |

财务组织：鸿途集团水泥有限公司　　业务日期：2019-07-12　　单据状态：已提交　　变动单号：ZCB202111010001
操作信息+

▼ 详细信息　　总计 1 行

□	序号	固定资产编码	卡片编号	固定资产名称	规格 型号	变动前使用部门	变动后使用部门
□	1	201907110001	0001	ThinkPad翼	14英寸 ThinkPad-E系列	销售服务办公室	供应处办公室

图 6-8　固定资产使用部门调整单

接下来以资产核算岗的身份登录 NCC 轻量端，将右上角业务日期修改为"2019 年 7 月 12 日"，可以看到审批中心未处理的单据有 1 张，点击打开，核对无误后点"批准"。

6.2.5　流程设计指导

研究固定资产部门变动过程中的具体环节，如何通过财务共享信息系统的流程管理设计进行优化，以及是否需要按照领导需要进行更高层的审批。分组讨论后按照小组设计思路，在财务共享系统中设计新的流程。设计过程中应注意企业的生活设备与生产设备部门变化的区别，进行优先级设置与审批岗位设置。

6.3　兴蓉环境运营案例

6.3.1　行业概况

近年来，国内对企业绿色生态和可持续发展越来越重视。习近平总书记提出的"绿水青山就是金山银山"，促使国家产业政策对水务环保行业的生态治理要求越来越高，政策高质量要求持续带动水利项目投资规模扩大。在这一时期想占领更多水务市场份额的企业纷纷拓展新业务，通过并购实现规模效应和提高行业集中度，业内竞争明显。

6.3.2　兴蓉环境简介

兴蓉环境，全称为成都市兴蓉环境股份有限公司，主营业务是大型水务综合环保服务,业务范围包括自来水生产与供应、污水处理、中水利用、污泥处置、垃圾渗滤液处理和垃圾焚烧发电等,由企业自主完成产业链全过程,集投资、研发、设计、建设、运营于一体,是中国西部水务环保行业的龙头企业。兴蓉环境以绿色生态管理为目标,坚持可持续发展的理念,为客户设计多种环保服务方案,具体包括水务环保运营管理方案、废弃物处置方案、资源循环利用方案等。兴蓉环境实施财务共享时,业务范围已经覆盖全国,包括四川、甘肃、宁夏、陕西、海南、广东、江苏等地,拥有 17 座自来水厂、24 座污水处理厂、4 座垃圾焚烧发电厂、3 座垃圾渗滤液处理厂、2 座污水污泥处理厂,并积极响应国家"一带一路"倡议,加大跨国投资项目合作力度,与美国、印度、泰国等国家合资合作建设环保项目,最终形成以成都市为起步基地,向全国、全世界扩展的业务发展态势。

6.3.3　兴蓉环境实施财务共享影响因素

6.3.3.1　兴蓉环境对财务共享服务的认知

兴蓉环境不断发展扩张,跨区域、跨国发展增强了其竞争优势,但同时也遇到了业务市场范围扩张后的各类管理难题,故需要寻求新的管理视角或模式才能解决这些难题。在各类新型管理模式中,兴蓉环境注意到依托于数字化技术的财务共享模式能够通过财务视角重构企业财务组织形式,实现企业高效管理、高效决策、降本增效、价值提升,从财务管理方面支撑大规模扩张业务的企业业务开展。

6.3.3.2　兴蓉环境实施财务共享的动因

(1)国家政策引导。

党的十九大报告提出了推动大数据和实体经济深度融合的重要方针,我国企业跨区域并购与跨国并购的需求越来越大,业财融合是先进企业财务发展的必然方向,而业财融合需要数字化共享平台的支撑,因此实施财务共享是企业实现财务大数据和财务数字化的核心工作。近年来,财政部与国资委不断出台相关政策文件,指导企业重视发展与建设财务共享,并扶持企业走数字化发展道路。

（2）企业内部高质量发展需要。

按兴蓉环境制订的战略发展规划,将继续跨区域、跨国发展水务相关基建投资、建设与运营。随着企业规模的扩张,下级机构数量的增加,以及并购行为的频繁发生,集团整体核算能力和风险监管能力的不足,影响了公司在高速发展中的管理质量,具体体现为 3 点:①传统财务会计管理模式和人员结构无法适应集团快速扩张的管理需要。②上市公司企业组织管理要求提高,企业发展速度快,内部管理无法满足内部高质量发展的要求。③会计核算标准不统一,影响了对外披露的财务信息的规范度和准确性。因此,兴蓉环境必须寻求先进的管理模式,对企业财务进行适当转型,将传统财务会计转型为管理型会计,为企业提供高效的财务管理服务。

（3）价值提升驱动财务共享建设。

财务共享作为财务管理创新模式在国内外跨国集团企业多次获得成功,兴蓉环境管理层对国内成功实施财务共享的企业进行调研,认识到财务共享的实施可以为集团企业带来创新管理模式与价值提升。

6.3.3.3　兴蓉环境实施财务共享的目标与路线

（1）兴蓉环境实施财务共享的目标。

兴蓉环境实施财务共享的主要目标是实现财务转型,以更好地支撑企业高速发展扩张,满足企业精细化管理要求,统一核算标准,优化业财流程,使得财务高效运转支撑业务高效运转,提高企业运营能力和风险管控能力。具体目标为统一财务核算标准与业务流程,改变财务人员组织结构,资金收支集中实时结算,实时监控资金风险,支付高效资金,提高风险管控能力,最终提升集团整体竞争力和资源整合能力,从而有效地支撑集团发展战略。实施财务共享后,迅速将并购后的子公司纳入财务共享实施的范围,以确保财务管理目标的及时实现。

（2）兴蓉环境财务共享方案设计总原则。

基于兴蓉环境实施财务共享的总目标,提出财务共享实施方案设计总原则:成熟技术基础之上的先进模式,尊重现实基础之上的前沿选择,规避风险基础之上的经济效益。

（3）兴蓉环境财务共享实施路线。

2018 年，在财务共享实施初期针对企业核算、资金管理、报账、业务财务流程进行共享管理，大约 1 年后建立资金池管理，实现业财融合、出具管理会计报告、税务管理及发票管理等功能，2 年后实现智能商旅、电子档案管理、共享组绩效管理、大数据分析等数字化功能。在财务共享运行稳定后，与同行相比，兴蓉环境的财务管理水平预期处于先进水平。

6.3.4　兴蓉环境财务共享实施历程

2018 年开始，兴蓉环境通过立项支持财务共享实施，开始对四川长虹等先进企业进行考察，开展调研工作，并参与培训，同时面对自身子公司财务人员招聘难、成本高的困境，管理层下定决心实施财务共享。建设初期，兴蓉环境采用伴随式咨询模式开展方案设计和实施，由咨询专家全过程帮助项目实施团队能够在清楚了解企业现状的基础上实施财务共享。2019 年初，财务共享方案设计完成，要求分为试点期、优化期、价值创造期 3 个阶段完成。2019 年第一季度为试点期，在试点期要完成 4 家下级单位业务试点工作，包括业务流程和岗位优化，以及初步建立共享作业模式。2019 年 4 月至年底为优化提升期，主要完成系统、业务流程、规章制度的优化，并把集团内各级单位纳入财务共享实施范围，形成业财融合的大数据中心，实现财务岗位的全面调整优化，将核算业务全部统一到共享中心，全集团范围内推广财务共享。2020 年为价值创造期，在业务规范、数据共享的前提下，实现集团财务管理工作重点从财务核算转向价值创造，利用财务共享的数字化功能为集团决策提供实时分析依据，建立财务人员绩效评估系统，全面提高企业财务管理水平，对接外部商旅平台实时获取外部数据，实现基础会计业务处理全面电子化。

6.3.5　兴蓉环境财务共享实施成果

6.3.5.1　基于财务共享服务的财务管理体系

兴蓉环境实施财务共享后，将财务结构调整为战略财务、业务财务、共享财务三位一体的岗位组织模式。战略财务为集团财务功能,业务财务为各级单位财务功能,共享财务统管所有核算业务功能及大数据决策功能等。财务共享实施后,兴蓉环境财务功能职责划分是基于财务职能角度,财务共享中心作为会计信息服务中心,为集团财务和各级单位财务提供会计数据和核算服务。集团财务面向各级公司开展财务全面战略指导工作,为财务共享中心作业提供管理方向;各级单位业务财务根据集团战略总目标及自身法人单位目标指导管理财务业务,为财务共享中心作业提供核算及审批支持。财务共享中心能够支持业务范围扩张、集团范围内财务核算标准统一、业务财务工作效率提升和有效沟通,组织架构上隶属于集团的财务中心,岗位设计为多作业组,每组设一名负责人,财务共享中心设一名总负责人。实现财务共享后,将各个分支机构财务人员按照个人意愿重新培训转型,分派到战略财务、业务财务和共享财务岗位上,但所有业务财务和战略财务从共享财务中选拔产生,岗位晋升标准按职称评定为主。

6.3.5.2　基于业财融合的智能财务共享服务平台

兴蓉环境财务共享实施以全业务共享为目标,对接各移动终端服务、融合大智移云新技术打造共享平台,具体包括报账平台、运营平台、信息化 ERP 和基础应用平台 4 个模块。其中,报账平台能实现手机端与电脑网页端报账的功能,运营平台包括运营和影像服务的功能,信息化 ERP 提供传统成熟信息化操作和维护的功能。

7 财资管理

7.1 资金上收下拨管理共享

7.1.1 业务概述与分析

企业对人财物的管理,贯穿于企业运营的全过程。现代企业管理者必须运用顺应时代发展的各类管理工具与手段,对企业的人财物进行不同程度的管理。而其中的"财"指的是财务资金,财务的资金运动是企业管理的核心内容,既能反映企业资产与权益资源的情况,也能反映企业运营的绩效,还能代表企业的"血液"。

企业的财资管理其实是指资金管理,因为"财资"就是指财务资金。因此,资金管理是企业财务管理最重要的组成部分。在实务工作过程中提到的资金管理,是指对企业进行有效的资金管控,在筹集和运用资金的过程中尽可能地降低成本,进而帮助企业提高自身竞争力,实现企业价值最大化的财务管理目标,这也是财务管理学的核心部分。当然,为了实现以上目的,财务管理者不仅需要基于一定的分析手段,合理地筹集资金,高效率地应用资金,也需要通过精细的组织、计划、控制、信息和考核等管理手段,对资金的整个运动过程进行有效管控。

资金的管理职能主要包括基础管理职能、日常结算职能、资金平衡职能和报告分析职能。首先,基础管理只能满足企业的日常管理需要,包括银行账户管理、数据设置、银企直联和档案管理等主要职能。在满足基础管理的条件下,企业才可以发挥日常结算职能,即付款管理、收款管理、票据管理及现金管理等职能。在前两者的基础之上,企业才可以进行资金平衡管理,包括资金计划、筹资管理、付款排程,以及头寸管理。在前三者的基础之上,企业可以进行下一步包括预警报告、统计报告、流量分析和存量分析的报告分析。

企业整个财务职能体系分为财务会计和管理会计2个部分。财务会计包括财务核算、报告披露、资金管理和税务管理。管理会计包括绩效管理、预算管理和成本管理。因此,资金管理属于财务会计的范畴。无论是财务会计还是管理会计,都可以分成战略层、控制层以及执行层3个层面进行管理。财务会计的资金管理的战略层包括集团资金的筹划、集团资金的调拨、资金统一支付、资金解决方案。资金管理的控制层包括现金流平衡、资金风险控制、汇率控制。资金管理的执行层包括银行对账和支付指令。

根据资金流动路线的不同,资金集中管理模式可分为备用金模式、统收统支模式、收支2条线模式和结算中心模式。备用金模式是指企业在一段时期内给予分(子)公司一定金额的备用金,一般有一定金额标准的限制。各个分(子)公司发生实际现金流支出后,持原始凭证去集团财务部门报销并申请补足备用金。这种模式非常类似于传统企业,单个法人公司给每个部门备用金。但这种模式下的备用金金额较少,不太实用,审批也可能不及时,尤其是大型集团企业。统收统支模式就是将各个分(子)公司独立法人的所有收款全部归入一个集团银行账户,所有支出也必须从财务部门指定的账户中支出。这样就实现了收支完全由集团集中统一管理,在某一个主体的财务部和同一个银行账户里面进行。收支2条线模式,是指将收入与支出进行分离管控,用2个流程或者组织、或者不同的资金流动路径来达到现金流收支的目的,主要是为了保证资金安全和有效监控现金流动,但是应用起来并不方便。收支2条线模式要求收到的现金流直接进入回款账户,而现金支付的时候又需要经过逐步审批才能对外支付。因此,要对统收统支模式进行调整,进一步实现"不允许坐收坐支"。在云会计服务模式下,集团企业主要使用的是最后一种模式:结算中心模式。集团的财务部门如财务共享中心,预先在企业设立统一收付结算用的结算中心。结算中心可以办理集团内各个分(子)公司的现金收支及各种客户与供应商往来结算。分(子)公司会根据结算中心核定的资金存量限额,将高于限额的资金转入结算中心的银行账户。其实,中心对应的银行账户可以归集到各个部门,结算中心核定成员日常所需资金后,可以统一拨付、监管使用。为获得更好的银企直联服务与快速的融资,结算中心与银行可以签订银行协议用于保证企业筹措资金的及时性,并且办理各分(子)公司与集团企业之间的往来结算,减少现金沉淀,提高资金的周转效率。另外,各个分(子)公司也有自己的独立账号,通常是作为二级账号来进行独立核算,但里面沉淀的资金较少。结算中心模式并不意味着各成员公司的全部资金集中到集团,只是将现金流动、投资、筹资、结算等事项的决策做集中化便捷管理。各个分(子)公司依然拥有较大的经营权和决策权。

根据投融资管理形式的不同,资金集中管理模式又分为内部银行模式、财务公司模式和资金池模式。内部银行模式是集团与分(子)公司之间管理资金流动最常用的模式,比结算中心模式更完善。内部银行通过银企直联,融合了商业银行提供的信用贷款、现金收付结算、监督调控、信息反馈等职能,能快速发挥出预算、组织、协调等职能,并成为企业和下属单位的经济往来结算中心、信贷管理中心、货币资金的信息反馈中心。另外,各下属成员公司无权对外融资,必须由集团内部银行在收到申请审批后,统一核定需要的资金量和未来费用额,对外发起融资,实现统一运作与合理筹划。在财务公司模式下,集团成立一家独立财务公司,由其对集团公司内部资金筹措业务进行管理。财务公司作为一种非银行性金融机构,其成立必须经过相关公共事业部门的审批,是一个独立的集团下属子公司法人实体。财务公司经营的金融业务分为投资、筹资和中介 3 部分。财务公司可经营管理的筹资业务包括经营公司债券、同业拆借等;投资业务包括对分(子)公司的企业债券进行承销、对外股权投资、分(子)公司的消费信贷管理、商业信用、固定资产融资租赁、对外贷款等;中介业务包括对分(子)公司供应商与客户款项收付,为分(子)公司提供债务担保,办理商业票据等承兑与贴现,办理分(子)公司之间或集团与分(子)公司之间的内部转账结算,等等。资金池模式也称现金池模式,是由跨国公司的财务部门与国际银行合作的资金管理模式,目标是集中管控集团分散在全球的资金,尽可能地减少企业资金分散的管理缺口。根据是否实际划拨资金,资金池管理模式可分为2 种:"实体资金池""虚拟资金池"。在实体资金池中,企业在同一家银行设立一个母账户和若干个子账户。银行每日定时将子账户的资金余额上划到母账户中,资金上划后,分(子)公司账户上保持零余额或预定余额。这个限额的设定,通常是由企业根据自身资金管理的需求和现金存量的额度,与银行协商确定的。

备用金模式的优点是支取方便、管理规范,缺点是有限定额,可能因为使用量不多而产生较大的资金沉淀。这种模式就比较适用于个人、部门或者办事处等。比较复杂的分(子)公司不宜使用备用金模式。统收统支模式的优点是容易实现资金平衡,能够提升资金周转效率,减少资金的沉淀,也能防范控制风险,因为结算活动在某一主体内设一个统一账户就够了,分支机构是不设账户的。但是这种模式可能不够灵活,会影响到分支机构的业务。这种模式就是用于分支机构少又比较简单,且资金流向有规律的企业,不太适合集团企业。收支2条线模式虽然杜绝了"坐支"的现象,但收支分离可能导致开立的账户数会比较多,增加账户成本。当然,监控会相对良好一些,这就适用于业务比较复杂的场景。相较前三者,优点最多的就是结算中心这种模式。它通过统一支付结算,提高了结算效率,集中了资金的监控,确保了资金的安全,也降低了资金的沉淀,将前述3种的缺点都进行了优化。但是结算中心组建成本比较高,运作复杂,需要大批量的劳动力进行运作。内部银行的优点是能够对信贷进行更便捷的管理,独立核算方面也做得比较好,而且便于考核,但是缺点就是无法跟相关的法律法规进行挂钩,存在政策和法律风险,而且成本运作比较高,这种模式适用于企事业单位。如果是财务公司的话,相对内部银行来说,资金监管会更强一些,能够接受法律法规的制约。但是,成立难度比较大,因为需要注册等。大型集团企业可以成立财务公司,资金池能够降低资金沉淀。但是对政府体系管理要求高,相当依赖大型商业银行,需要跨国集团集中管理的企业才考虑建立现金池。

结算中心外部账户是财务部门在集团外部的国家商业银行开立的,结算中心用以统一收付分(子)公司资金的总账户,初始金额为0。分(子)公司外部账户是分(子)公司在集团外部商业银行开立的,用以对外部进行资金独立收付的账户。各个分(子)公司内部账户是各个分(子)公司在集团结算中心开立的,用以记录分(子)公司存放于结算中心的资金变动的账户,初始金额为0。有以下恒等式：

　　各分(子)公司银行存款余额＝分(子)公司外部账户和内部账户余额之和

　　结算中心外部账户资金余额＝各分(子)公司的内部账户资金余额之和

　　各分(子)公司委托结算中心进行的外部收支：二者等额增加或等额减少。

　　上收下拨：二者等额增加或等额减少。

　　各分(子)公司间通过内部账户进行的结算或调拨：结算中心外部账户资金余额不变，不同分(子)公司的内部账户等额增减。

　　案例企业采用的是以结算中心为主、各自分散为辅的资金管理模式。在该模式下，资金管理现状主要表现为：各分(子)公司作为独立法人主体，均有权独立开设银行账户用于独立资金结算业务，包括资金的收支等，拥有独立现金支配权。各分(子)公司拥有独立筹资权，可以通过银行长短期借款等手段独立进行筹资，并可独立获得银行信贷融资。集团及分(子)公司的银行账户分散在多家银行，开户行分别在中国农业银行、中国建设银行、交通银行、中国工商银行、招商银行、农村信用合作社、农村商业银行、中国光大银行等，各分(子)公司账户的开设、变更、销户业务均得到集团审批；各分(子)公司的账户信息需要在集团公司备案。集团纳入资金管理范围的共计 262 个银行账户、76 家企业、11 个行别，涉及币种均为人民币。

　　根据上述情况，案例企业的诉求主要为：①需要构建集中监控现金流平台：采用大数据与云会计等手段，对集团内部的现金进行统一管理，实现集团对分(子)公司的现金流大数据的快速查询和审计，使现金的运转得到有效监管与控制。为企业搭建起一个跨银行、跨组织、跨地区的现金集中监控系统，集中反映整个集团的现金流动态情况，实现现金流管理的主动权掌控。②建立集团资金操作、管理、分析和决策功能整体体系，整合集团内部资金结算、筹资、票据、预算、投资等业务各条线和各相关系统资源，再融合外部商业银行服务支持，增强集团企业对资金的全面管理能力，降低集团现金流运作成本，控制财务风险。③设置结算中心管理集团现金，现金预算、资金下拨、资金归集、对外支付结算、内部上收下拨结算等业务均通过结算中心管理完成。④建设符合资金结算中心制度要求和管理规范的系统平台，将集团的战略思想和管理思路通过系统配置和流程设计融合在 NCC 系统中，规范资金业务的流程，规避财务风险，提高资金收支办理速度。

案例企业第一批财务共享中心资金管理规划,只将鸿途集团各个分(子)公司(不包括旅游酒店等业务)纳入结算中心模式的集团资金集中管理范围。鸿途集团各分(子)公司在多家银行均有开户,为简化本次实训仅以与工商银行合作进行的结算中心运营为例。结算中心首先在工商银行开具资金总账户,经过鸿途集团结算中心批准,要求首批纳入集团资金结算中心财务共享服务范围的所有水泥分(子)公司均在工商银行开具基本账户、收入账户,并同时将工商银行开具的基本账户指定为鸿途集团各分(子)公司的支出户。同时,结算中心与银行签署《集团账户管理协议》,各纳入集中管理的分(子)公司与银行签署《集团账户参加管理协议》。结算中心与银行签署《管理单位业务申请书》,基于上述 2 类协议申请开通银行金融服务。

7.1.2 虚拟业务场景

资金计划编制。案例企业于 2019 年 7 月计划薪酬支出 300 万元,计划费用支出 50 万元。

2019 年 7 月 10 日,案例企业各个分(子)公司收到客户货款,按照集团资金管理制度规定,必须将所有货款上收归集到集团结算中心的转设账户。具体货款内容例如:鸿途集团收到天海销售有限责任公司货款并上缴资金共计 5231500 元。

2019 年 7 月 25 日,案例企业有薪酬费用支付的需要,各分(子)公司申请内部结算账户的资金下拨到本地支出户,下拨款后完成五险一金支付,本次鸿途集团薪酬支出共计 250 万元。

7.1.3 预备知识

资金计划是指对预期可持续的一段时间内的资金结存、流入、流出、余缺、筹资进行统一安排。资金计划编制,目的是做好资金的事前预算安排与管控。在资金计划事中管控时,根据事先核准的收入状况与支出金额对资金流进行提示或控制。计划执行完成后,必须做事后分析,将执行过程呈现的具体数据状态与原计划进行对比分析,找出差异和原因。

资金上收就是资金归集,指集团设置统一结算账户,将分(子)公司或下级组织外部银行账户的资金,上收归集到组织统一结算的外部银行账户的业务中进行处理。资金下拨是指集团设置统一结算账户,将该结算账户外部银行账户的资金,统一审批划拨到下属单位或分(子)公司的外部银行账户的业务中进行处理。资金上收和下拨,是集团财资管理中资金调度的重要手段。资金下拨有2种情况:一是按照资金计划编制的金额下拨,二是由分(子)公司在资金计划范围内申请,经过审批后下拨。如果按资金计划下拨,集团结算中心根据资金计划直接下拨资金到分(子)公司财务部门。如果按申请审批付款排程下拨,结算中心根据分(子)公司已审批通过的付款排程进行资金下拨。如果实施自动下拨资金业务,就由结算中心选配好自动下拨规则,系统定时自动下拨资金到分(子)公司账户,保证及时地满足分(子)公司的资金需求。

如果是单位申请审批后再下拨资金业务,就等分(子)公司需要资金时,可通过先将下拨申请单提交到结算中心,待结算中心核准、审批后,才能将资金下拨到分(子)公司,这种方式能及时解决分(子)公司的临时资金需要,也是案例企业主要采用的方式。如果是委托付款回拨、支付下拨资金业务,结算中心将本账户的资金先下拨到分(子)公司账户,同时将下拨到分(子)公司账户的资金再支付给分(子)公司对应的供应商,解决了供应商应付款及时支付的问题,保留了优质供应商的交易往来,同时还避免了资金在分(子)公司长期沉淀的问题。

7.1.3.1　资金上收流程简介

(1)分(子)公司如果收到货款,结算会计在当天下班前就必须填报上缴单并报经财务部门主管审批。

(2)分(子)公司财务部门审批上缴单。

(3)分(子)公司结算会计对上缴单进行委托办理,系统自动按照上缴单内容生成上收单。

(4)结算中心资金审核岗经办上收单。

(5)结算中心主任岗审批上收单后,记录结算中心的银行账户账号和内部负债账户账号,生成分(子)公司的资金上收回单。

(6)结算中心资金结算岗办理资金上收支付,系统自动生成对应业务上收回单。

(7)分(子)公司出纳确认收到的银行电子回单内容是否合规,进行回单确认记账,系统自动生成记账凭证。

(8)分(子)公司总账会计审核记账凭证并记账。

7.1.3.2 资金下拨流程简介

(1)分(子)公司结算会计根据原始凭证,填制下拨申请单。

(2)查询当月资金计划,如果申请下拨金额超过原资金计划金额,系统将提示"不能保存"。

(3)分(子)公司财务经理审批下拨申请单,生成结算中心的下拨申请核准单。

(4)分(子)公司结算会计委托办理下拨申请单,系统生成下拨申请核准。

(5)结算中心资金审核岗核准下拨申请,系统自动生成下拨申请单。

(6)结算中心资金审核岗进行下拨单经办。

(7)结算中心主任岗办理下拨单审批。

(8)结算中心资金结算岗进行下拨单支付,系统生成下拨回单。

(9)分(子)公司出纳确认收到银行电子回单,进行回单确认,系统自动生成记账凭证。

(10)分(子)公司总账会计审核记账凭证并记账。

借:结算中心存款——【银行账户:鸿途集团内部户】

贷:银行存款——收入户——【银行账户:鸿途集团人民币活期户】

借:银行存款——收入户——【银行账户:鸿途集团人民币活期户】

贷:结算中心存款——【银行账户:鸿途集团内部户】

7.1.4 操作步骤

7.1.4.1 资金计划编制

以业务财务的身份进入 NCC 重量端,点"财资管理－资金计划",双击打开

"资金计划编制"。点开搜索按钮,选中已经编制好的资金支出月度计划(薪酬费用),如图7-1所示。在选择下拨付款单位时,会看到很多个组同时作业,有多个付款单位,以不同组号结尾,此时要选自己组号结尾的那个,例如,某同学是第二组,那么应该选择"鸿途结算中心2"。选好后鼠标往上滑动,本组的资金支出月度计划就自动跳出来了,把7月份薪酬支出与费用支出300万和50万双击填入,点"提交"按钮后就做完了。下一步,以财务经理的身份登录NCC重量端,点"财资管理",双击打开"计划审批",进入计划审批就能看到需要审批的计划,勾选并点击"审批"即可。接下来退出计划审批,点"财资管理－资金计划－控制方案",只需要选中计划方案,然后点"启用方案"就可以了,以后这个计划就可以开始实施了。

资金支出月度计划												
编制单位:鸿途集团水泥有限公司			年:	2019			下拨单位:	鸿途结算中心				
计划项目	1月	2月	3月	4月	5月	6月	7月	8月	9月	10月	11月	12月	合计
薪资支出							3000000.00						3000000.00
费用支出							500000.00						500000.00
合计							3500000.00						3500000.00

图 7-1 资金支出月度计划

7.1.4.2 集团内部的上收下拨业务

流程启用。依次点"资产金上收下拨""做任务",分配好角色。以系统管理员的身份登录重量端,进入"动态建模平台－流程管理",双击打开"审批流定义－集团",然后利用搜索按钮,找到并启用上缴单、上收单、下拨单和下拨申请单。如果不记得流程到底该怎么走,可以双击打开"流程",可以发现几乎都是由业务财务开始。

上收业务流程。由业务财务发起本次实训的资金上收业务,资金上收就是集团归集下属单位资金的过程。首先以业务财务的身份登录NCC轻量端填报上缴单,修改业务日期为"2019年7月10日",点"资金上收下拨－上缴单－新增",财务组织选"鸿途集团水泥有限公司",上收组织选"鸿途结算中心",单位计划项目选"收入合计－经营性收入－销售收入",申请收入金额可以按照案例数据填入,结算方式选"网银",上缴银行账号选填以8309结尾的中国工商银行账号。完成后如图7-2所示。点"保存－提交",点"联查",可以看到下一步该由财务经理审批。

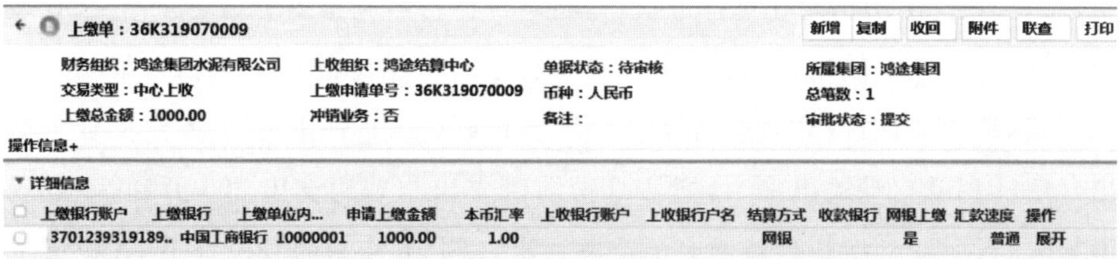

图 7-2　上缴单

　　接着以财务经理的身份登录 NCC 轻量端审批上缴单，修改业务日期为"2019 年 7 月 10 日"，打开"未处理 1"，点"批准"即可。以业务财务的身份登录 NCC 轻量端进行上缴单委托办理，并自动形成上收单，点"资金上收下拨－上缴单"，上缴单位选"鸿途集团水泥有限公司"，将查询日期范围扩大为"2019 年 7 月 1 日至今"，点"查询"，就可以查询到那张上缴单，点"委托办理"就完成了上缴单的委托办理，并且自动生成了上收单。以结算中心资金审核岗的身份登录 NCC 轻量端做上缴单（上收单）经办，修改业务日期后点"资金上收"，搜索"鸿途结算中心"，将时间范围扩大为"2019 年 7 月 1 日至今"，点"查询"就可查询到那张自动生成的上收单，点"经办"，会提示"第 1 行上收银行账户："，上收银行账户选"结算中心外部账户的账号"，点"经办—保存—提交"，审批详情中显示下一步该由结算中心主任进行审批。以结算中心主任岗的身份登录 NCC 轻量端进行上收单审核，修改业务日期为"2019 年 7 月 10 日"，点"未处理"和"批准"即可。再以结算中心资金结算岗的身份登录 NCC 轻量端进行上收单支付，点"资金上收支付"，再搜索"鸿途结算中心"，将时间范围扩大为"2019 年 7 月 1 日至今"，点"查询"，就可查询到那张自动生成的上收单，点开这张上收单，先点"网银补录"，转账状态点"归集"，点"确定"后补录成功，再点"支付"。补录成功后退出，点"支付指令状态"，搜索"鸿途结算中心"，将时间范围扩大为"2019 年 7 月 1 日至今"，点"查询"，双击打开那张上收单，点"状态确认"，银行确认支付状态选填"成功"，点"保存"和"提交"。以中心出纳岗的身份登录 NCC 轻量端，点"资金上收回单"，将"上缴组织"全选，将时间范围扩大为"2019 年 7 月 1 日至今"，点"查询"，查到后点"记账"，最后以总账主管岗的身份登录 NCC 轻量端做记账凭证审核。

　　下拨业务流程。由业务财务发起本次实训的资金下拨业务,资金下拨就是集团下拨资金给下属单位的过程。首先以业务财务的身份登录 NCC 轻量端填报下拨申请单,修改业务日期为"2019 年 7 月 25 日",点"资金上收下拨—下拨申请—新增",财务组织选"鸿途集团水泥有限公司",下拨组织选"鸿途结算中心",收款单位计划项目选"支出合计—经营性支出—薪酬支出",申请金额可以按照案例数据填入,结算方式选"网银",收款银行账号选填以 8309 结尾的中国工商银行账号,下拨银行账户选"中国工商银行—结算中心外部账户",结算方式选"网银",点"保存—提交",点"联查",看到下一步该由财务经理审批。

　　接着以财务经理的身份登录 NCC 轻量端审批上缴单,修改业务日期为"2019 年 7 月 10 日",打开"未处理 1",点"批准"即可。再以业务财务的身份登录 NCC 轻量端点"委托办理",自动形成下拨申请单,点"资金上收下拨—下拨申请单",下拨单位选"鸿途集团水泥有限公司",查询日期范围扩大为"2019 年 7 月 1 日至今",点"查询"就可查询到那张下拨申请单,点"委托办理"就完成了下拨申请单的委托办理,并且自动生成了下拨单。

　　然后以结算中心资金审核岗的身份登录 NCC 轻量端做下拨申请(下拨单)核准,修改业务日期后点"下拨申请核准",搜索"鸿途结算中心",将时间范围扩大为"2019 年 7 月 1 日至今",点"查询",就查询到那张自动生成的下拨申请单,点"核准",再点"保存—提交—生成下拨单"。以结算中心资金审核岗的身份继续登录 NCC 轻量端做下拨单经办与提交,搜索"鸿途结算中心",将时间范围扩大为"2019 年 7 月 1 日至今",点"查询",就查询到那张自动生成的下拨单,点"经办",点"保存—提交",点"网银补录",转账状态点"下拨",点"确定"后补录成功。

　　再以结算中心主任岗的身份登录 NCC 轻量端审核上收单,修改业务日期为"2019 年 7 月 25 日",点"未处理"和"批准"即可。再以资金结算岗的身份登录 NCC 轻量端,点"资金下拨支付",搜索"鸿途结算中心",将时间范围扩大为"2019 年 7 月 1 日至今",点"查询",就可以查询到那张自动生成的下拨单,点"支付"。退出之前页面后点"支付指令状态",搜索"鸿途结算中心",将时间范围扩大为"2019 年 7 月 1 日至今",点"查询",双击打开那张下拨单,点"状态确认",银行确认支付状态选填为"成功",点"提交"。

以中心出纳岗的身份登录 NCC 轻量端,点"资金下拨回单",将"下拨组织"全选,将时间范围扩大为"2019 年 7 月 1 日至今",点"查询",查到后点"记账",最后以总账主管岗的身份登录 NCC 轻量端做记账凭证审核。

7.2 外部委托付款业务

7.2.1 业务概述与分析

外部委托付款业务简称委托付款,是指由分(子)公司在自己内部银行账户上发起的,审批通过后由集团结算中心外部账户实际对外支付的财资管理方式。外部委托付款需要从分(子)公司内部账户发起,发起后其内部账户暂时冻结需要付款的金额,等集团结算中心外部账户实际付款成功后,再扣减该分(子)公司的内部银行账户的相应金额。

根据发起方的不同,委托付款业务可以划分为分(子)公司发起委托付款、结算中心发起委托付款、多结算中心下的委托付款等类型。根据付款结算方式的不同,委托付款业务主要划分为转账支付、票据支付、现金支付、代发工资等。委托付款与银企直联集成后,能够支持企业在支付信息确认并审核后再支付具体金额。还有一种合并支付处理的方式,就是指单张委托付款书包含多条支付记录,同时合并向银行发送一笔网银支付指令,若支付失败,可通过支付信息变更单进行变更,变更后再次支付,这种方式虽然操作较为复杂,但是一次性能完成多条付款。

7.2.2 虚拟业务场景

集团下属子公司——卫辉市鸿途水泥有限公司于 2019 年 7 月 5 日必须向绿城物业服务集团有限公司缴纳上个月行政办公区的水费,绿城物业已经为卫辉市鸿途水泥有限公司开具好了增值税专用发票,税率(征收率)为 3%。根据发票所记载的情况,上个月应缴纳的水费总金额为 29426.07 元(不含税金额为 28569.00 元)。但是,卫辉市鸿途水泥有限公司发现自己的支出户余额不够支付了,因为之前大部分货款已经上收归集给总部,子公司银行支出户只保留了小部分资金用于日常开支,因此,卫辉市鸿途水泥有限公司就向集团申请通过外部委托付款流程进行本次付款。

7.2.3 操作指导

7.2.3.1 流程启用

在外部委托付款中,点"构建测试—去做任务—角色分配",分配好角色后,点"完成设置",然后点"系统配置",由系统管理员登录 NCC 重量端,点"动态建模平台—流程管理—工作流定义—集团",打开"现金管理—主付款结算单—付款结算",选中"主付款结算单",点"启用"。打开"资金结算",选中"委托结算书",有 2 个流程,一个是工作主流程,一个是审批子流程,分别点"启用"。

7.2.3.2 业务操作

在外部委托付款中,点"构建测试—去做任务—协作处理",以业务财务的身份登录 NCC 轻量端填写付款结算单。修改业务日期为"2019 年 7 月 5 日",点"现金管理—付款结算",先选付款结算类型为"外部委托付款",再点"新增",结算财务组织选"卫辉市鸿途水泥有限公司",结算方式选"委托收付款",付款银行账户选"结算中心"那个账户,交易对象类型选"供应商",供应商选"外部供应商—绿城物业",收款银行账户选"绿城物业",表体收支项目选"支出项目—管理费用—水费",金额和税额等按照案例及发票内容填入,付款原币金额填"29426.07",摘要填"支付水费",部门填"综合办公室—办公室 0101",最后点"保存—提交"。完成后如图 7-3 所示。

以财务经理的身份登录 NCC 轻量端审核付款结算单。修改业务日期为"2019 年 7 月 5 日",搜索选中全部财务组织,将时间范围扩大为"2019 年 7 月 1 日至今",点"查询",点"未处理",点"批准"。

以应付初审岗的身份登录 NCC 轻量端审核付款结算单。修改业务日期为"2019 年 7 月 5 日",依次点"我的任务""任务提取""开单据",最后点"批准"。

以业务财务的身份登录 NCC 轻量端办理付款委托。修改业务日期为

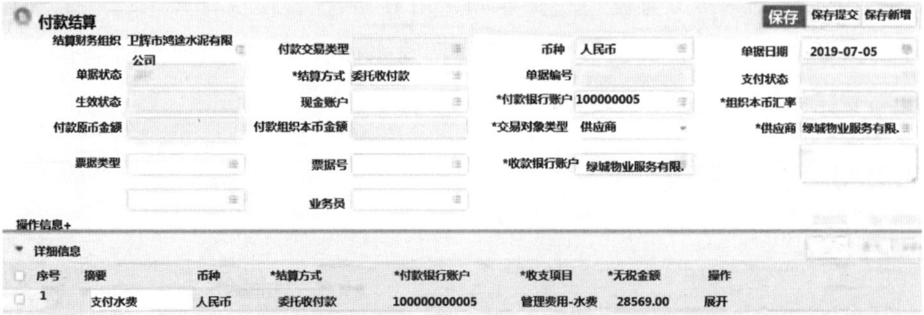

图 7-3　外部委托付款结算单

"2019 年 7 月 5 日",点"结算",搜索选中全部财务组织,将时间范围扩大为
"2019 年 7 月 1 日至今",点"查询",找到"待结算"里面那张单据,点开后点"委
托",至此委托办理就成功了。

以结算中心资金审核岗的身份登录 NCC 轻量端经办付款委托书。修改右
上角业务日期为"2019 年 7 月 5 日",点"委托付款",搜索选中全部财务组织,将
时间范围扩大为"2019 年 7 月 1 日至今",点"查询",查到单据后点开,点"经
办",需要填写支付银行账户,资金组织信息中支付银行账户选填"结算中心外
部账户",点"保存",经办就成功了。

以结算中心主任岗的身份登录 NCC 轻量端审核委托付款书。修改业务日
期为"2019 年 7 月 5 日",搜索选中全部财务组织,依次点"未处理""开单据"和
"批准"。

以中心出纳岗的身份登录 NCC 轻量端支付委托付款书。修改业务日期为
"2019 年 7 月 5 日",点"委托付款支付",搜索组织选"鸿途结算中心",将时间范
围扩大为"2019 年 7 月 1 日至今",点"查询""开单据",做网银补录,补录收款地
区名为"工行地区代码—郑州",点"确定",再点"支付"。退出后,点"支付指令
状态",搜索"鸿途结算中心",将时间范围扩大为"2019 年 7 月 1 日至今",点"查
询",双击打开那张下拨单,点"状态确认",银行确认支付状态选填为"成功",点
"提交"。

7.3 兴港投资财务共享案例

7.3.1 兴港投资概况

7.3.1.1 兴港投资集团简介

兴港投资,全称为郑州航空港兴港投资集团有限公司,成立时间为 2012 年 10 月,是隶属河南郑州的国有公司。兴港投资坚持拓宽业务范围,开发多种产品,优化资产结构。其业务系统包括航空试验区建设、城市开发、城市建设、城市运营、房地产、金融等,系统完备。在持续 10 多年的努力发展后,兴港投资企业经济效益和管理水平在河南省名列前茅。2019 年 4 月,兴港投资旗下郑州航空港试验区为"一带一路"建设做贡献,承担了郑州国家中心城市建设带头羊的责任,发挥了行业龙头的作用,让郑州航空港试验区的发展更具备数字化建设倾向。2019 年 8 月实施财务共享之前,实收资本达到 140 亿元,各级分(子)公司数量达到 123 家,集团资产总额实现 1700 亿元,净资产累计 550 亿元。兴港投资的业务范围广、管理龙头效应都促使其必须走上财务共享实施的道路。

7.3.1.2 兴港投资集团管控为财务共享做铺垫

兴港投资在成立后 1 年多时间里,采用一级管控架构管控企业全业务,将所有业务交给兴港投资旗下航程职业公司接洽开展,满足集团政策需要,确保筹资、节约成本、施工项目管理快速运行。2015 年底,为进一步减轻各职能部门的负担,兴港投资启动了二级管理架构,不再由集团承建全部业务,而是实行分层管理,分为集团和子公司 2 层架构管理,子公司负责业务运营,母公司负责对子公司的战略管控。2016 年初,又开始启动三级管控,分为集团、专业子集团和项目公司 3 级。集团定位投资运营,主管战略、政策、股权等宏观管理与监控;专业子集团采用"1+N"模式,以 1 家母体公司作为主管平台,管理其他 N 家子公司的业务运转。

7.3.1.3 财务共享实施前的财务管理模式

兴港投资财务管理组织架构分3层,包括财务管理中心、局部财务共享服务中心和财务管理部外派。财务管理中心主管战略管理,发挥战略财务功能,主要工作为预算、综合管理、稽核、纳税等;局部财务共享服务中心发挥共享财务功能,主要工作是核算、资金收付、运营管理;财务管理部外派主要发挥业务财务功能,在各级子公司主管业务财务单据审核、财务档案管理等工作。

7.3.2 兴港投资财务共享实施过程及经验

7.3.2.1 兴港投资实施集团财务共享的动因研究

(1)外部环境。

财务共享在国内有多个成功案例可参考。国内企业集团化管理的需要和业务范围的不断扩大,促使管理者越来越重视财务共享服务的优势并组织学习,这使得财务共享模式在国内企业界迅速成为潮流管理模式。近10年来,国有企业和股份制企业都在学习经验,并迅速组建适合自身企业特色的财务共享模式,例如中国国旅、北控水务、交通银行等。不同行业的龙头企业纷纷在本集团内实施财务共享,加强了企业内控能力,提高了企业财务管理水平和交易管理能力,并为国内其他集团企业提供了宝贵的成功经验。

国家政策支持企业数字化发展需要。兴港投资管理层认真学习了习近平总书记在党的十九大报告中对中国经济的重大预判,认识到在新时代国家发展依靠区域发展,区域发展依靠企业发展,新时代企业发展依靠高质量发展阶段,告别纯粹追求速度的高速发展。而会计学和财务管理作为服务于企业和国家经济的基础性、应用型学科,在经济转型时期的变革也是时代发展的必然结果,高质量的发展需要配套高质量的会计模式。会计信息化为会计工作模式的变革铺垫了道路、提供了工具,大智移云使得共享平台建设成为可能,传统会计的流程、组织、技术和方法被管理会计所取代,企业战略思维指导会计向数字化方向全面、高质量发展。

（2）内部因素。

集团快速发展需要。自成立后，兴港投资的各级单位数量和业务范围都在高速扩张，财务组织和财务人员随之大量增多，财务管理压力大，对集团财务管理水平和效率要求更高。管理层为了解决财务核算与管理遇到的压力，结合自身企业的发展实际，结合已有的信息化工具，开始对财务信息化管理模式进行调整，以保证企业整体发展良好。总体建设目标是业财融合，管理与业务增进信任。横向上，实现业财融合，信息透明，管理方便；纵向上，增进信任，简政放权。实施财务共享，实现风险管控能力的提升，使得业务单据流转更透明，信息短板得到优化，流程与单据管理更便捷、安全。

集团财务转型需要。兴港投资下属子级单位数量众多，每个单位都独立设置财务部门和账簿，或者拥有不同的信息化系统，对财务人员具体工作要求也不统一，这使得兴港投资的账务处理分散、业财数据滞后，影响企业的管理与决策。实施财务共享，可以统一对接所有信息化平台到一个共享平台上，让业务财务实现标准化作业，并且对财务人员进行新的组织岗位分配，统一要求，轮岗培训，使其业务能力和管理水平都能得到提升。

规范管理与数据共享需要。实施财务共享前，兴港投资业务流程由下属单位发起，走纸质流程，手工填写，内容混乱，无法规范管理，流程和填写难度很大，财务效率低下，影响业务效率，从而影响企业价值提升。即使有信息化作为支撑，但是依然存在线下过渡到线上的困难，无法顺畅获取数据并核算和归档，单据的后期保管和查询也存在由地理位置引起的困难。财务共享服务平台的建立，既能实现业务数据通过对接的大量互联网平台的获取，减少业务人员填写的工作量，又能通过培训在线填单的方式帮助业务人员提高单据管理能力。财务共享影像扫描系统帮助企业解决了财务档案上传与保管的难题，消除了原始单据查询的地理限制，降低了信息丢失的风险，实现了高效查询与处理财务数据。

集团财务管控体系优化需要。兴港投资制订优化方案，设立了以集团战略目标为导向的财务管理新体系，将集团财务功能定位为战略财务，将下级单位财务定位为业务财务职能，由共享中心提供核算、数据与信息职能，以集中不集权的形式实施财务共享，将财务向服务与管理的方向引导。

7.3.2.2　兴港投资实施财务共享的目标

（1）总目标：降本增效，风险管控，财务组织重构。

（2）具体目标：满足组织动态调整需要，流程再造，实现标准化、自动化财务核算，影像管理，财务工作绩效评价，信息化多端接入，电子发票管理，财务作业任务管理（分配、抢单、质量管理）。

7.3.2.3　兴港投资实施财务共享的历程

2016 年兴港投资启动了财务信息化建设工作，经过前期大量的调研，高管层提出建设财务共享服务中心的思路，并将其列入财务信息化建设计划。2016年中，开始软件平台建设和共享服务的实施；2016 年 10 月，启动前期准备工作，展开交流沟通；2017 年 3 月，开始流程建设；2017 年 9 月，启动财务共享中心建设，用一个多月的实践，通过访谈和梳理资料设计了 46 个标准流程，项目团队按照流程设计开展信息化方案的设计与实施、用户培训与测试等工作；2017 年底，试点工作完成；2018 年，逐步完成各个信息化平台对接工作；2019 年，完成所有模块的集成优化。至此，财务共享在兴港投资落地成功。

7.3.2.4　兴港投资实施共享的内容

（1）组织建设：财务共享中心下设核算中心、资金收支中心和运营管理中心，主要负责各个部门和人员的报销，往来客商结算，各类收支活动，等等。

（2）人员建设：财务共享服务中心岗位分为业务岗和运营岗，业务岗主要负责核算和结算业务，运营岗主要负责运维、研发和流程设计。

（3）流程梳理及推广：在决策权不变的前提下，按节点推进工作，将规则嵌入流程之中，试点推进流程设计，确保有序进行。

（4）运营管理建设：资金审批使用流程必须依据公司制度，工作质量要求不断迭代优化，中心工作人员绩效考核采用看板考核方式。

（5）信息化系统建设：集成各个业务系统，对接各业务板块，提高数据传输速度和准确度。

7.3.3 兴港投资财务共享服务中心的运营效果和价值体现

兴港投资实施财务共享服务的主要目的是提高效率,节约成本,创造价值,提升服务质量。具体表现为以下几个方面。

(1)提高财务核算效率,从财务工作角度实现降本增效。

(2)优化财务人员组织结构与培训,实现业财一体化流程简洁高效。

(3)提升企业竞争力,降低财务风险。

(4)保障会计信息披露的高效。

(5)以财务大数据支撑集团战略管理。

(6)通过实现财务外包服务,提升企业与员工效益。

(7)通过提高企业整体绩效,实现社会效益的提升。

8 财务共享中心绩效考核与稽核

8.1 财务共享中心绩效考核

8.1.1 业务概述与分析

云会计服务适用于任何企业,但财务共享服务中心适用于大型的集团企业尤其是有跨地区业务的企业。在财务共享管理模式下,共享中心的财务人员集中在一个地理空间内,这个地理空间就类似于一个工厂,财务工作人员就像工厂流水线上的作业工人,在云会计技术平台和财务共享平台上流水工作。要想及时、清晰、无误地展现中心财务人员的工作成果、效率与质量,就必须依靠绩效看板这个工具。用友 NCC 共享服务系统支持新一代绩效看板,采用最新的技术,可同时定义多组绩效不同看板,在多个大屏上展示不同的内容。一组绩效看板就可以定义多块展板,每块展板可以设置不同的停留时间。每块展板按照 16 宫格细分,可以自由合并或拆分,并重新定义需要展示的内容。绩效看板也能支持多个财务共享中心各自定义其看板。

8.1.2 虚拟业务场景

本组建立财务共享服务中心作业组中的费用初审组看板。要求不删除任何默认图标,不合并看板宫格,且能将所选内容展示在看板管理中即可。绩效看板操作流程如图 8-1 所示。

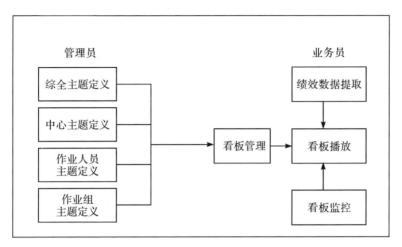

图 8-1 绩效看板操作流程

8.1.3 操作步骤

8.1.3.1 综合主题定义

用运营管理岗的身份登录 NCC 轻量端,点绩效数据进行"提取数据",再点开"看板管理模块",点"综合主题定义",选中并确定自己组号代表的财务共享服务中心,点"新增",系统会自动根据这个财务共享服务中心找到已定义的作业组,然后再选择一个"费用初审组",此处只能单选;点开费用初审作业组下的"日监控主题"和"月监控主题"定义以后,点图标"清单功能"进行选择与删除操作,筛选出需要的内容后,点"保存图表",方便之后引用。点过保存之后,就可通过右边的"图表清单"功能查看当前主题下定义的图表包括哪些,可以进行删除操作,删除一些不必要的页面。可以看到"日监控主题"包括当日关键数据统计(待处理、已处理、当日新增、上日留存、驳回次数等),业务量日排行(按人)柱形图(大图),分时已处理趋势图,平均处理时长(按人)柱形图,分时待处理趋势图,这些都是可以删除的;同理,"月监控主题"包括当月关键数据统计(本月新增、已处理、日均处理量、驳回次数等),业务量月排行(按人)柱形图(大图),已处理趋势图,平均处理时长(按人)柱形图,驳回量趋势图。此处仅需打开看到功能,不用进行删除操作。完成后如图 8-2 所示。

图 8-2　综合主题定义

8.1.3.2　中心主题定义

以运营管理岗的身份登录 NCC 轻量端,点"绩效数据提取"里面的"提取数据",再点开"看板管理模块",点"中心主题定义",选中并确定自己组号代表的财务共享服务中心,点"新增",系统会自动根据这个财务共享服务中心找到已定义的作业组,然后再选择一个"费用初审组";点开"费用初审作业"组下的财务共享中心当日分组统计和财务共享中心月监控定义以后,点"图表清单"功能进行选择与删除的操作,筛选需要的内容后,点"保存图表",方便之后引用。点过"保存"之后,就可通过右边的"图表清单"功能查看当前主题下定义的图表包括哪些,可以进行删除操作,删除一些不必要的页面。中心月监控主题包含的内容有当月关键数据统计(本月总业务量、当月日均业务量、本年月均业务量等),业务量月排行(按人)柱形图(大图),月业务量占比,平均处理时长(按人)柱形图,总业务量趋势图;中心当日分组统计主题包含的内容有本月累计单数、当日单据量、已初审(签字)单数、已复审(结算)单数、已退单数、待初审(签字)单数、待复审(结算)单数。此处仅需打开看到功能,不用进行删除操作。完成后如图 8-3 所示。

8.1.3.3　作业组主题定义

以运营管理岗的身份登录 NCC 轻量端(也可以不退出,直接操作主题定

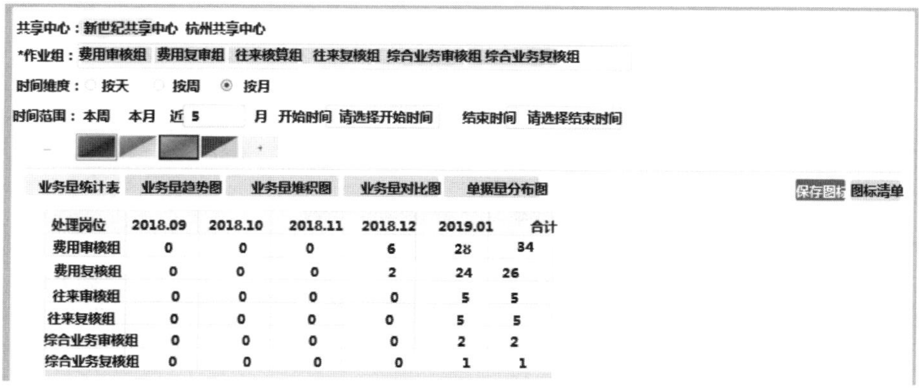

处理岗位	2018.09	2018.10	2018.11	2018.12	2019.01	合计
费用审核组	0	0	0	6	28	34
费用复核组	0	0	0	2	24	26
往来审核组	0	0	0	0	5	5
往来复核组	0	0	0	0	5	5
综合业务审核组	0	0	0	0	2	2
综合业务复核组	0	0	0	0	1	1

图 8-3　作业组业务量统计表

义)，点“绩效数据提取”里面的“提取数据”，再点开“看板管理模块”，点“作业组主题定义”，选中并确定自己组号代表的财务共享服务中心，点“新增”，系统会自动根据这个财务共享服务中心找到已定义的作业组，然后再选择一个“费用初审组”;点开费用初审作业组下的各种图表以后，点“图表清单”功能进行选择与删除操作，筛选需要的内容后，点“保存图表”，方便之后引用。点过“保存”之后，就可通过右边的“图表清单”功能查看当前主题下定义的图表包括哪些，可以进行删除操作，删除一些不必要的页面。作业组主题包含的内容有作业组业务量统计表(按指定的时间维度和作业岗位展现的二维表)、作业组业务量趋势图(以折线图展示作业组或岗位的业务量趋势)、作业组业务量面积堆积图，作业组业务量对比图、作业组单据量分布图等以作业组为集合进行统计和展现的各个形式的图或表。

8.1.3.4　作业人员主题定义

以运营管理岗的身份登录 NCC 轻量端(也可以不退出直接操作主题定义)，点“绩效数据提取”里面的“提取数据”，再点开“看板管理模块”，点“作业人员主题定义”，选中并确定自己组号代表的财务共享服务中心，点“新增”，系统会自动根据这个财务共享服务中心找到已定义的作业组，然后再选择“费用初审组”;点开费用初审作业组下的各种图表以后，点“图表清单”功能进行选择与删除操作，筛选出需要的内容后，点“保存图表”，方便之后引用。点过“保存”之后,就可通过右边的"图表清单"功能查看当前主题下定义的图表包括哪些,随时可以按需进行删除操作。完成后如图 8-4 所示。

共享中心:新世纪共享中心 杭州共享中心

*作业组:费用审核组 费用复审组

时间维度: 按天 按周 ◉ 按月

时间范围:本周 本月 近 ____ 月 开始时间 请选择开始时间 结束时间 请选择结束时间

主题:▓ ▨ ▨

作业量统计表 驳回率统计量 作业量统计图 作业组统计图   保存图标 图标清单

处理单位	姓名	2019年7月					合计					
		通过	驳回	被驳回	总处理时长	平均处理时长	驳回率	通过	驳回	被驳回	总处理时长	平均处理时长	驳回率
费用审核组	张某	18	0	0	11455.77	636.43	0%	18	0	0	11455.77	636.43	0%
	王某	0	0	0	0		0%					
	陈某	0	0	0	0		0%					
	周某	0	0	0	0		0%					
	吴某	0	0	0	0		0%					
费用复核组	李某	0	0	0	21.52	1.43	0%	15			21.52	1.43	0%
	丁某	15	0	0	0	0	0%					
	孙某											

图 8-4 作业人员主题定义

8.1.3.5 资金签字与结算

以运营管理岗的身份登录 NCC 轻量端,点"绩效数据提取"里面的"提取数据",再点开"看板管理模块",点"各种主题定义",选中并确定自己组号代表的财务共享服务中心,点"新增",系统会自动根据这个财务共享服务中心找到已定义的作业组,然后再选择一个"费用初审组";点开签字与结算下的各种图表以后,点"图表清单"功能进行选择与删除操作,筛选需要的内容后,点"保存图表",方便之后引用。点过"保存"之后,就可通过右边的"图表清单"功能查看当前主题下定义的图表包括哪些,可以进行删除操作,删除一些不必要的页面。

8.1.3.6 看板管理

依次点"看板管理"和"新增",并录入看板名称"费用初审"和序号 1 以后,增加一组看板。对该组看板进行设置,不修改默认设置,中间为当前多块看板的预览效果图,把右侧待选的资源逐个拉入中间看板中,也可以看出是之前在各个主题定义保存的各类图表。首先在左侧的屏幕列表里增加一块看板 1,录入每一块看板的名称、显示时间、排列序号后,点"确定",即增加一块空的看板;

空的看板默认是以 16 宫格形式展现,16 宫格是最细的颗粒度,不能再细分了,但可以根据需要合并宫格。一张图表只能拉拽到同一个宫格展现,不可跨宫格展现。可以拖选相邻的四方格,进行"合并"宫格的操作,合并后的区域即可完整地定义和展现图表。完成后如图 8-5 所示。

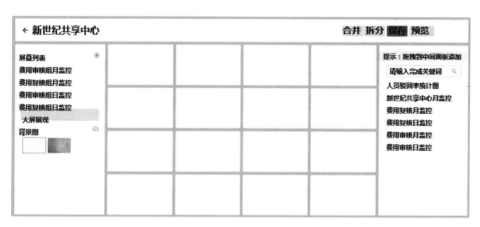

图 8-5　看板管理

8.2　财务共享中心稽核

8.2.1　业务概述与分析

财务共享中心的稽核工作,是指通过检查财务共享服务各岗位工作人员是否按财务制度操作规范及要求处理业务,从而提高中心所有员工的服务和效率意识,产出高质量的财务业务成果;同时,根据检查结果总结存在的问题,归纳引起问题的原因,最终提出合理的解决方式,从而达到不断改进企业财务制度和规则的目的。财务共享稽核工作是针对共享中心收到并存档的所有单据进行核查与检验,其对象依然是财务工作作业任务,在共享中心内部进行。

8.2.2　虚拟业务场景

稽核应收审核业务,抽取比例为 5%,稽核 2019 年 7 月 1 日—2019 年 7 月

31 日的业务,金额范围为 100—20000000 元,财务组织选 16 家水泥子公司,单据类型选主借款单、主报销单、费用申请单和费用预提单(与作业组工作规则里的单据类型保持一致),分层比例为 20%。(操作讲解视频为应收审核稽核,请根据应收审核稽核的视频进行费用初审稽核操作。)

8.2.3 操作步骤

(1)建立稽核要求内容和稽核问题类型。以共享中心运营管理岗位的身份进入 NCC 轻量端,点"稽核内容",新增一个稽核内容,例如,01 稽核问题。退出后再点"稽核问题类型",新增一个问题,例如,01 发票不全。

(2)新增稽核任务。由共享中心运营管理岗位的员工按照稽核要求内容的档案和稽核问题类型来增加新的作业任务。点"构建测试-去做任务",以运营岗员工的身份登录 NCC 轻量端,点"共享稽核"和"稽核任务",点"新增",共享服务中心选填"本组建立的财务共享中心"(可以用系统管理员身份查看),任务编码选"01",任务名称写"日常费用稽核",任务属性选"日常",抽取比例填 5%,分层比例填 20%,点"保存""启用"。此处保存后"启用"非常重要。完成后如图8-6 所示。

图 8-6 新增稽核任务

(3)共享中心稽核单据抽取。将稽核人员定为共享中心作业组长,由共享中心作业组长进行单据抽取,按每次作业类型进行抽取,再对相关单据进行查验。共享中心作业组长点"单据抽取",共享服务中心选填本组建立的财务共享中心(可以用系统管理员身份查看),稽核任务选"01",点"抽取",就出现了稽核任务设置对应的那张单据,点"确认"。

(4)单据稽核。共享中心作业组长点"单据稽核",共享服务中心选填本组建立的财务共享中心(可以用系统管理员查看),稽核任务选"01",依次点"查询""稽核",再点"稽核",问题查实后写上原因并沟通整改,最后点"通过"或"稽核"。如果单据存在问题,稽核人员可以要求当时制单的作业人员对单据进行整改。在稽核人员的帮助之下,制单或提交单据的作业人员完成修改之后再次稽核。如果稽核过后还存在问题,可再次整改。

(5)稽核报告。最后由共享中心作业组组长点"稽核报告",点"生成",共享服务中心选本组建立的财务共享中心,稽核任务选"01",点"确定",可以看到生成的稽核报告,点"保存",再点"审核"即可。任务关闭。

8.3 榆能集团财务共享与财务外包案例

8.3.1 榆能集团简介

煤炭是中国社会运转的主要能源,虽然清洁能源逐渐推出,但是无法快速满足社会发展的需要。2016 年,在中国能源消费结构表中,煤炭消费量占能源消费总量的 61.83%。榆能集团,全称为陕西榆林能源集团有限公司,是 2012 年 7 月成立的国有企业。榆能集团业务范围包括煤炭、电力、化工、物流、新能源 5 个板块,榆能集团承担着榆林市整个城区的供热任务。虽然煤炭行业受到政府人力资源管理政策的影响,很多企业因成本增加而亏损,但是榆能集团却能持续盈利,并在 2018 年底的总资产达 420 多亿元,成为该行业的龙头企业。

8.3.2 榆能集团实施财务共享的动因及目标

8.3.2.1 榆能集团实施财务共享的动因

榆能集团高管层认为,通过成熟信息化技术搭建的财务共享模式,能够优化业务流程和财务组织结构,提高企业业务量和管理效率,为企业降本增效。实施财务共享能够把所有业务和账务都拿到一个平台上,实现业财融合,保证决策依据的准确性和及时性。财务共享通过组织重构,将业务和财务数据的采集任务归属给业务部门,账务处理任务归属给财务共享中心,财务决策分析和指导任务分配给集团财务管理部门。

榆能集团实施财务共享的动机具体包括精简人员、及时管理和提高标准化程度。在人员方面,从以前各级机构所具备的财务人员来看,基层人员数量太多,无法顾及管理需要。管理层面得到的信息相对滞后,无法及时指导下级单位开展业务。各级单位财务标准和制度不统一,导致报告信息规范不同、数据不准确。基于以上3个方面的原因,榆能集团实施财务共享迫在眉睫。

8.3.2.3 榆能集团财务共享实施的目标

榆能集团实施财务共享的目标具体分为3个:降本增效,加强预警监控,将财务工作转型为管理会计。

8.3.3 榆能集团实施财务共享的历程

8.3.3.1 调研与决策

2017年5月,榆能集团管理层和财务部组成财务共享项目小组前往国内率先实施财务共享的先进企业进行调研培训,就各个工作节点与先进企业进行了深度了解与沟通,最终决定借鉴先进企业经验,并结合自身企业特色,建设符合企业需求的财务共享中心,进行财务组织结构调整。

8.3.3.2 建设历程

2017年10月,榆能集团启动实施财务共享项目与企业内部调研,同年11月完成建设方案设计;2018年1月,按照方案开始财务共享服务系统建设;2019年,多数完成正常运营的单位上线财务共享,同时进行财务共享平台外包探索。后续建设目标包括组织机构分层管理、数据中心建设和知识中心建设。

8.3.4 榆能集团财务共享的特色及价值

8.3.4.1 榆能集团财务共享服务特色

榆能集团业务类型相对少、人员调动容易支撑建设单一的财务共享模式,实现了移动端审批、财务人员精简、财务组织结构优化调整、财务岗位成本降低,并保障了扩张后的财务效益。扫除了技术障碍,实现了财务共享基础建设到服务管理与业务的过渡,还能够随时按照需求在财务共享平台增加新客户,纳入新业务和新的子公司,方便开展财务外包。

8.3.4.2 财务共享中心目前的价值

(1)自身的价值。

榆能集团财务共享中心的价值主要包括降低财务人员成本、支持集团业务扩张、提升财务服务质量、财务转型、风险管控。采用二维分工法对人员和岗位进行管理,每个成员在对工作负责的同时也要对相关单据负责,绩效看板反映每组考核结果,人员随时可进行岗位再分配以实现高效服务。运营后具体价值体现为业务流程标准化、单据填写标准化、控制管理实时化、账务处理自动化、财务服务共享协同化。财务共享中心实现了财务岗位的重新分工,形成了以"战略财务、业务财务、共享财务"三位一体的财务组织结构,加强了各级单位的管控力度,实现了业财融合,为榆能集团的业务运营和扩张提供保障。

(2)已完成的信息化建设。

榆能集团在实施财务共享的同时完成全集团范围内用友 NC 系统搭建,包含总账、应收应付、资金管理、采购管理、销售管理、存货核算、库存管理、薪资管理、全面预算等多个功能模块。财务共享平台搭建在用友 NC 系统上,与供应链、人力资源等系统实现一体化,实现 50 家以上的单位上线财务共享,为财务外包提供了合适的条件。

(3)已完成的财务外包业务。

天元路业,全称为榆林市天元路业有限公司,与榆能集团处于同一区域,主营业务类似,实施财务共享前企业内部管理情况类似。由于天元路业业务分散、员工报账难、对财务工作满意度低,天元路业管理层期望能够实现一步到位的财务共享。天元路业在实施财务共享之前的信息化软件为用友 U8,通过依托榆能集团的财务外包业务实现了一步到位的财务共享,为自身节约了大量的基建投入,从榆能集团直接获取了先进管理经验,财务共享上线后更是能随时增加协议客户数。天元路业通过使用榆能集团外包财务共享实现了客户资源的扩张和自身业绩的提升。

(4)进一步信息化建设。

财务共享系统建设完上述模块后，在 2019 年下半年启动了合并报表及财务分析模块，并逐步推进财务分析预算、移动商旅、电子档案管理、供热收费、办公平台等业务系统的互联互通，通过统一信息系统，形成了统一的基础数据，最终建立榆能集团的大数据中心。

8.4　华为财务共享对企业绩效的影响案例

财务共享平台对财务绩效的影响主要分为建设初期阶段、平稳运行阶段和价值创造阶段。在财务共享平台建设初期，人力资源和资金投入量比较大，因此会对企业财务绩效带来负面影响。但是进入平稳运行阶段后，财务共享通过提高企业整体效率实现财务绩效的提高，最终进入价值创造阶段。本节以国内优秀企业华为集团为例，研究财务共享的实施对企业绩效的影响。

8.4.1　华为公司财务共享进程

华为集团早在 2005 年就引入财务共享，开始财务变革。华为正是凭借各个方面的信息技术实现了企业高速发展，通过财务共享赋能生产，通过内控管理保证数据可靠，通过人工智能云平台实现管理会计。

8.4.2　华为实施财务共享对财务绩效的影响路径

华为财务共享对财务绩效的影响主要体现在财务岗位重构、业财流程精简、会计信息系统升级、全球核算共享及企业价值提升 5 个方面。通过实施财务共享，华为集团的财务效率得到了很大的提高，节约了管理和运营成本，使财务会计转型为管理型会计，实现业财一体化，为决策提供实时依据，深挖企业内部管理价值，最终对提升企业财务绩效产生正向影响。

8.4.3 华为财务共享对财务绩效影响的效果

8.4.3.1 财务共享对财务绩效影响的发展变化

2005 年华为公司实施财务共享基建初期,企业的营业利润率、净利与流动资产周转率都呈现出一定幅度的下降,但财务共享基建完成第三年起企业各项利润指标开始稳定上升,因市场发展利好,华为财务绩效整体呈上涨趋势。财务共享实施基建时期,企业需要在人力资源和财务岗位建设上投入大量的资金和精力。财务共享作为财务转型的新业财管理方式,需要被使用一段时间后才能获得员工和管理层的信任。通过改善流程,财务共享的先进性也在岗位调整和业财融合后逐渐展示在企业员工面前。财务共享稳定实施上线后,处理每张发票耗费的成本环比下降了 75%,内部审计后期调整的结果仅有 0.01%,此后,运维支出大幅降低,财务工作获得高质量发展。另外,华为财务管理体现为高质量发展,重点表现在通过财务共享系统细化管理债务债权,缩短了应收款和应付款周转期,简化了企业结账操作步骤,提高了财务管理效率,使得资金支付和管理更合理,企业财务绩效也因此上涨。

8.4.3.2 实现财务共享后的企业业财一体化对财务绩效的影响

华为业财一体化后的相关流程需要进一步优化以提高效率,因此必须对已有的财务共享服务进行质量管控。早在 2007 年华为公司就开始实行集成财务(简称 IFS)变革,持续追求企业业财一体化,优化业务流程,通过对业务现状的调研,设置了与业务流程匹配的财务共享管理模式。华为建设的业财一体化系统,促进业务人员和业务部门熟练掌握业务和财务数据的相互联系及影响,帮助业务人员与财务人员彼此间建立高效沟通,通过财务大数据分析企业业务"病因",寻求适合的改良方法,将责任落实到相应业务节点,对财务共享中心进行定期考核,最终帮助企业销售提高业绩。

从华为集团官方财务报表可以看出,2007 年后的营业利润、营业现金净流量实现了大幅的提高。2008 年,华为公司营业利润从 90 亿元迅速上升到 160 亿元,上升幅度在 70% 以上;营业现金净流量和其他现金流量从 138 亿元上升到 210 亿元,上升幅度为 52%,上升幅度环比增长 36%。由此可以看出除了市场本身有利于业务发展,华为财务转型更促进了其业务的发展。

8.4.3.3　华为财务共享纳入内控制度对企业绩效的影响

华为集团建设并利用财务共享中心实现财务转型后,财务人员并不能马上适应财务共享的业财一体化处理模式,在工作过程中依然出现了因操作不熟练而导致的数据记录错、漏的问题,甚至内部管理故意歪曲事实产生假账、错账的问题,等等,因此华为集团高层决定从 2013 年开始着手将内控制度纳入财务共享管理。首先,调研整理出对财务报表数据影响较大的业务活动;其次,针对这些活动建立相应测量指标,并逐步将其纳入前端业务流程的数据单据,帮助企业在实施战略管理的过程中获得相应实时数据支撑,确保决策提高企业经营绩效,降本增利。

实现内控制度纳入财务共享后,华为集团当年的营业利润率、销售净利率、总资产报酬率和净资产收益率都实现了环比大幅的上升。具体原因如下:首先,华为实施的财务共享助推了企业业务规模效应的提高,而规模效应的管理可以帮助企业降低成本,从而提升了企业获利水平。其次,华为财务共享纳入内控制度带来的好处在后续业务开展和管理过程中渐渐显明。2013 年后,财务共享中心监控到各类不合规操作产生的业务数据高达 78 亿美元,挽回了 9.45 亿美元的财资损失,使得财务绩效得到大幅提高。虽然 2016 年国际通信设备市场发展不尽如人意,市场竞争呈红海趋势,华为通信设备盈利不乐观,但是财务共享带来的红利仍然存在并提高了企业员工的满意度。

8.4.3.4　财务共享对筹资成本的影响

中国企业由于债务原因普遍存在财务费用高、支付压力大的特点。华为集团在使用财务共享中心之前,资金分散在各级单位、使用效率低,导致筹资量大,财务费用高。通过财务共享模式改革,华为实现了资金共享的管理,将以往分散的资金集中在共享中心收支和划拨,实现了合理调度,降低了筹资成本。在不计汇兑损益的前提下,从 2008 年开始的 10 年期间,华为财务费用占营业收入的比率得到降低;2014 年的利润表显示,财务费用带来了正向收益,这是因为实施财务共享增进了规模效益。

8.4.3.5 实施财务共享对华为债务筹资结构的影响

企业的债务融资比率越高,则融资能力越强,但同时财务风险也越大。华为的财务报告数据显示,负债率逐渐提高,2006 年负债率为 65%,2008 年、2016 年负债率均达到 68%,再往上升容易触及跨国公司外汇局禁止融资的底线(75%)。财务共享中心对数据的实时、准确提报,帮助华为在运营过程中精准掌握筹资结构,保证境外业务的顺利扩张。2011 年后的 6 年时间内,华为境外分(子)公司产生的融资越来越多,数据全部由共享中心统一处理,报备集团管理需要,防止超出外汇局底线结构比例。实施财务共享帮助华为财务数据在国际范围内高效流通,财务的国际化布局促使多元化战略的筹资渠道更广。许多国家筹资利率更低,能为华为节约更多成本,实现高收益。

综上所述,华为在实施财务共享服务模式的初期,基建投资金额大导致企业当年利润表体现的盈利下降,但随着后期不断改进和对规模扩张的配合发展,财务共享的实施对企业财务绩效产生了正向的影响,这一点在经济繁荣时期能够得到明显的验证。

附　录

财务共享服务实训实验报告

课程名称：_____

教学班号：_____　　指导老师：_____

团　队　号：_____　　团队名称：_____

姓名 1：_____　　学号 2：_____

姓名 2：_____　　学号 2：_____

姓名 3：_____　　学号 3：_____

姓名 4：_____　　学号 4：_____

姓名 5：_____　　学号 5：_____

学生个人实验报告

个人姓名		学号		
实验项目				
□必修　　□选修　　□演示性实验　　□验证性实验　　□操作性实验　　□综合性实验				
实验地点		实验仪器台号	无	
指导老师		实验日期及节次		

一、实验目的、内容及要求

1.实验目的

(1)使学生能够理解并阐述财务共享核心理论。

(2)使学生能够深刻认知财务共享的建设动因,并分析、阐述财务共享为企业带来的价值。

(3)使学生能够理解并应用财务共享建设方法论,自主提炼建设财务共享服务中心的关键影响因素并陈述依据。

(4)使学生能够掌握财务共享中心的建设路径和方法,并完成案例企业财务共享服务中心建设高阶方案规划设计。

(5)使学生能够掌握财务共享服务中心端到端流程优化规则、方法,并利用先进的财务共享服务平台 NCC,完成费用共享、采购到应付共享、销售到应收共享的流程优化设计、系统建模及用例测试。

(6)使学生能够基于财务共享服务中心视角设计体验共享中心运营管理办法。

（7）使学生能够深刻理解技术发展、财务管理模式转型下财务人员的发展路径，从而实现自我思维及能力的转变与塑造。

（8）培养学生团队意识，增强学生学习兴趣，以及做好团队角色扮演。

2.实验内容及要求

（1）要求学生掌握财务共享服务中心高阶方案设计及端到端业务流程优化设计。

（2）要求学生掌握信息化环境下 NCC 的财务共享服务业务建模及处理过程。

（3）要求学生理解信息化环境下 NCC 的业务共享服务业务处理结果。

（4）要求学生提交一份实验心得。

二、仪器用具

仪器名称	规格/型号	数量	备注
计算机	通用(含 IE11.0)	1	有网络环境
用友软件	NCC、NC	1	

三、实验过程

（一）项目分工

学号	姓名	所属岗位	主要职能	备注

（二）财务共享服务中心系统建模

（三）至少写 3 笔端到端业务流程优化设计及系统实现

端到端业务流程 1

1.标准工作流/审批流截图（或新设计截图）

2.系统实现截图

(1)审批详情与单据追溯截图。

（2）用例测试截图。

业务 1:填单报账（完成人:　　　　）

业务 2:　　　　　　（完成人:　　　　）

3.设计分析说明（若没有新设计,则可以不写）

端到端业务流程 2

1.标准工作流/审批流截图(或新设计截图)

2.系统实现截图

(1)审批详情与单据追溯截图。

(2)工作流配置图。

（3）用例测试截图。

业务 1：　　／　　员填单报账（完成人：　　　）

业务 2：　　　　　（完成人：　　　）

3. 设计分析说明

端到端业务流程 3

1.标准工作流/审批流截图（或新设计截图）

2.系统实现截图

(1)审批详情与单据追溯截图。

(2)用例测试截图。

业务1：　　　/　　　员填单报账(完成人:　　　　　)

业务 2：　　　　　（完成人：　　　）

3. 设计分析说明（若没有新设计，则可以不写）

可以再加上其他业务流程

4. 实验讨论、结论、心得与建议

参考文献

[1] 程平,范洵."金课"建设背景下基于知识图谱的 MPAcc 课程教学研究——以重庆理工大学《云会计与智能财务共享》课程为例[J].财会通讯,2019(28):35-38.

[2] 刘俊勇,刘明慧,孙瑞琦.数字化背景下财务共享服务中心的质量管理研究——以 HX 财务共享服务中心为例[J].管理案例研究与评论,2021,14(5):547-558.

[3] 付建华,刘梅铃.财务共享:财务数字化案例精选[M].上海:立信会计出版社,2019.

[4] 胡爱平,张春艳,周莎.财务共享对企业财务绩效的影响研究——以华为公司为例[J].会计之友,2021(19):14-19.

[5] 胡云龙.集团发电企业财务共享模式下的流程设计研究[J].企业管理,2017(A2):106-108.

[6] 黄世忠.新经济对财务会计的影响与启示[J].财会月刊,2020(7):3-8.

[7] 康晔.财务共享服务在中国国旅的应用研究[D].石家庄:河北经贸大学,2018.

[8] 刘梅玲,林楠,陈丽,等.南粤交通:资金财务共享驱动财务转型[J].新理财,2020(6):69-71.

[9] 卢洁,赵景嫒.生态文明建设视角下企业财务共享发展模式探索[J].环境工程,2021,39(12):294.

[10] 李贵林.煤炭企业集团基于财务共享的流程再造探讨[J].会计之友,2020(16):25-30.

[11] 潘泽清.国有资本投资运营公司财务共享服务中心的构建[J].财政科学，2021,71(11):101-107.

[12] 吴世农.公司财务的研究历史、现状与展望[J].南开管理评论,2018,21(3):4-10.

[13] 胥正楷.兴蓉环境:构建三位一体财务管理模式[J].新理财,2020(1):64-66.

[14] 袁广达,裘元震.公司环境风险管控的财务共享平台研究——基于重污染公司财务战略的思考[J].会计之友,2019(6):44-50.

[15] 原诗萌.鞍钢集团:建立财务共享服务中心　助力集团高质量发展[J].国资报告,2020(7):102-105.

[16] 亓坤.榆能集团:财务共享助力集团财务管控——"看得见的眼睛"和"管得住的手"[J].新理财,2020(10):59-61.

[17] 张庆龙.财务数字化转型始于共享服务[J].财会月刊,2020(13):8-14.

[18] 赵丽锦,胡晓明.企业财务数字化转型:本质、趋势与策略[J].财会通讯,2021(20):14-18.